弁護士魂

べんごしだましい

土屋公献

現代人文社

撮影：坂田栄一郎

弁護士魂

余生をばどう生きようと勝手なり

ならば平和へ 生命捧げん

序文

荒井信一

高等学校のとき、『論語』をじっくり講読する授業があった。それまでは『論語』というと聖人君子の学問という感じで、人間性を無視した偽善的な印象すら感じていた。しかし実際に原文にあたりその意味を読み解くうちにむしろ人間的な言説として理解すべき古典という印象が強まった。

いまでも記憶に残っているキャッチフレイズのなかに「恒産なくして恒心なし」という言葉がある。「恒産」というのは安定した財産である。文意は一定の財産がある人でなければ長期的な志を持つことができないということであろうか。

わたしが今でもときどきこの言葉を思い出すのは、いまの日本という国家が恒産のない状況に久しくおかれたままだからである。日本は世界の「借金王」と豪語したのは、亡き小渕首相であったが、今では国家としての日本の「借金」は八〇〇兆円とも九〇〇兆円ともいわれている。歴代首相の施策をみても、「恒心」なき政治が続いている。その典型は小泉元首相であろう。場当たり的なスローガンで衆議院選挙に圧勝した。

わたしは法学的素養をまったく欠く素人であるが、あえていえば「恒心」なき状況は司法の世界にも伝染しているように思っている。国家の「恒心」はいうまでもなく憲法であるが、一般的な印象としていえば日本の裁判所は憲法判断をできるだけ回避する態度で一貫している。

『論語』はいうまでもなく治者階級の倫理を説いているものである。わたしも、クラスで一緒に授業を聞いた土屋公献も、治者とも恒産とも縁のない人間であったが、土屋は戦後の有為転変のなかで恒心を貫いてきた人間ではないだろうか。

なぜ恒心を失わなかったのか。日本の戦後史だけでなく世界の戦後史も、冷戦の終結する一九九〇年頃まではイデオロギーの時代であった。イデオロギーはいわば頭脳の問題であるが、土屋はもともと「心の人」である。学徒出陣のときの心境も「弱い人を前面に押したてて若者が逃げたら、男が立たないではないか」であった。

かれは高等学校のときすでに剣道二段で、わたしのような文弱な人間には、マッチョな雰囲気さえ感じられた。このフレイズにもその趣きがあるが、ここで重要なのはそのことでなく、かれがつねに弱者にたいする心を忘れなかったことである。その意味で彼が弁護士という職業を選んだのは大正解であるが、とくにかれが心がけたのは、弱者の立場からの社会正義の実現であった。

かれの人生を一筆書きで書くとすると、太い一本の直線となるだろう。多分ごつごつした不器用な直線だろうが、そこには取り澄ました美しい直線にはない心が、力強くあらわれている。かれが多くの人々をひきつけたのもこの野太い――「恒心」ではないだろうか。

はしがき

私は、一九四三（昭和一八）年の十二月に学徒出陣で兵隊にとられた。海軍に入り、小笠原の父島で敗戦を迎えた。昭和十八年といえば、もう戦争が敗戦に向かいつつあると分かっていた人もかなりいた。しかし、それを大きな声では言えない時期だった。

私たちの世代は、人の良心も言論もすべて抹殺される時代に育ち、戦争に動員され、戦場の残酷さを身をもって体験した。自分たちの青春は戦争のために費やされ、多くの仲間が学業半ばで戦死してしまった。

自分の戦争体験を振り返ると、いま政府によって戦争準備が着々と進められている状況に黙ってはいられない。戦争の惨さを知るものが、平和のために、未だ間に合ううちに戦争反対の声をあげるのは、私たちの世代が負う責務ではないか。今、沈黙してしまうのは大罪だと強く思う。

実際、今日なお、さまざまな戦争被害の問題は解決されていない。日本人の大半は、今さら六十年や七十年も前の戦争被害を持ち出すのはどうか、と言うだろう。だが、戦争被害者の怒りはますます火を噴いている。

現在、日本は戦時下の加害行為に関して、次々と世界の国々から厳しく非難され、また国際連合などの国際機関から繰り返し然るべき措置をとるよう勧告を受けている。

しかし、日本はこうした世界的な動きを全く無視し、もう済んだことと知らん顔をしている。このような政府の姿勢は戦争政策の推進に結びついている。こんな政府の存在はまったく情けないことだし、到底許すことはできない。

日本が国家として六十年、七十年経っても、戦争被害者にまだ何もやっていないことこそ問題だと思う。世界の平和を実現するためには、まず戦争行為による加害国の政府が被害者に加害の事実を認め、心から反省し謝罪することである。

戦争の真実を忘却したとき、次の戦争の第一歩は始まっている。戦争は絶対に二度と繰り返してはならない。私は自ら戦場に赴いた日本人の一人として、また一人の弁護士として、「戦争の後始末」に、死期が迫るまではこれからの生涯を捧げていきたい。

本書はこうした思いに立って、第一部では戦争体験と学生時代の話を、第二部では私が心がけてきた弁護士とは何か、司法の使命とは何かについてを、第三部では戦後補償問題への思いとかかわりをまとめたものである。

土屋公献

目次

第一部 戦争の惨さと愚かさを知る者として

第一章 戦場に命をかけた青春

第三章　人生の大きな転機、司法試験と結婚と

第二部　生涯弁護士のわが人生

第四章　誇りを持って一介の街弁に徹す

第五章　司法の独立を棄ててはいけない

第六章　なぜ弁護士自治でなければならないか

第三部　戦後補償の闘いと私

第九章　七三一部隊細菌戦裁判が問うたもの

第一部

戦争の惨さと愚かさを知る者として

第一章　戦場に命をかけた青春

血気盛んは生まれつき

私は大正十二年、一九二三年四月三日に東京市芝区（現港区）愛宕町で生まれた。上には五人の姉がおり、ようやく男の子が授かったということで父母たちはとても喜んだという。下に弟が生まれ兄弟姉妹は七人である。

生まれて半年後の九月一日、関東大震災が起きた。私は父母といっしょに母の郷里の金沢にいた。母の話では金沢でも地面がもこっと揺れたので何だろうと話していたら、号外が出て東京で大地震が起きたと報じていたという。地震が起きたとき、祖母と五人の姉たちは東京にいた。祖母は、一番下の姉を背負って上野の山に避難し、一家は無事だった。

愛宕町の家を焼け出されてしまって、本郷追分町に移り住んだ。小学校は、向ケ丘の一高近くの追分小学校に通った。一高は一九三五年に、駒場にあった東大農学部と敷地を交換して移った。六年生だった私たちは、去りゆく一高生の行列を沿道で見送った。

私は生まれつき、今に至るまで血の気が多く、小学生の頃からときどき思いきったことをやらかした。やはり六年生のあるとき、昼休みの時間に下級生が校庭でゴムボールの野球を楽しんでいた。そこへ後から来た同級生の仲間が、そこ退けとばかりホームベースを占領した。それを見て、彼らの横暴ぶりに憤慨した私は、ホームベースの上に胡座(あぐら)をかいて仲間のプレイを妨害した。同級生が怒って、私の頬をめがけて力一杯にゴムボールをぶつけたけれど、ビクともせずに座り通したことがある。これに類する例はいくらもあるが、それでも選挙で級長を選ぶときには大抵私が当選した。

中学受験では普通の中学校に入るのがいやで、水道橋にある府立工芸学校（現都立工芸高等学校）を受けたけれど、落ちてしまった。そこで府立五中（現都立小石川高等学校）の夜間部に通うことになったが、肺浸潤になってしまって、病気療養ということで一年間ぶらぶらした。翌年、深川にあった府立化学工業学校に入った。当時、府立工芸学校や府立化学工業学校は、倍率が十三、四倍とかなり高く、合格するのが大変だった。そこで五年間過ごした。

私は小学校から中学、高校まで剣道をやっていて、高校で二段になっていた。その剣道二段が、後に大きな災いを招く原因にもなった。

府立化学工業学校はたいへん規律の厳しい学校だった。それに加えて、化学の学校だから三年生までは普通の中学と変わりなかったが、四、五年生となると化学の実験がある。試験管を振って黄色になった、赤くなったとやるのだが、それがだんだん嫌になった。理科系には向いていないのではないかと思うようになり、文科系に進むことにして浦和高等学校を受験したが失敗し、一年浪人した。化学工業学校で国語を教えてくれた高橋一夫先生の出身校であったこともあって、次の年に静岡高校を受け、合格した。

学徒出陣、海軍に入る

一九四三（昭和一八）年四月、静岡高等学校に入学した。不幸にして病気で一年遅れ、また高校浪人したので、同じクラスの人たちの平均より二歳年上だった。しかも、入学して八か月後には学徒兵として軍隊に召集された。

一九四三年十月二十一日、明治神宮外苑で行われた出陣学徒壮行会には、東京、神奈川、千葉、埼玉にある大学、高等学校、専門学校などの二十歳になった学生・生徒たちが参加している。同じ頃、各地で召集された学徒の壮行会があり、私は静岡で参加した。

戦争が末期に近づくと、学徒（学生・生徒）に対する徴兵延期制度が廃止された。それまで学生には徴兵猶予の特例があったのが、学生でも文系であれば、二十歳を過ぎると兵隊に出ろと言われた。理系の人はどうして行かないでいいかというと、戦争に役に立つからだ。医者になれば軍医になるし、理系の工業関係の人たちは武器・弾薬などを作る。そんなわけで、理系は兵隊にとらない。けれども、文系は生意気なことを言ってサボってばかりいる。戦争を批判する奴もいる。そういうのはど

明治神宮外苑競技場で行われた出陣学徒壮行会（1943年10月21日）

んどん兵隊に出してしまえということだった。

一九四三年頃になると、もう日本の敗色が濃くなってきていた。兵隊に行ったときの私自身の意識は、日本の老人、子ども、女性を守るために、屈強な若者はまず前線に立たなければいけない。自分には、そういう役割が割り当てられているというものだった。

その頃、世界史をよく知っている人たちは、この日本の戦争自体の位置づけをより正確にとらえていて、戦争に鋭い批判をしていた学生も中にはいたようだ。そういう人たちまでもが、みんな学徒出陣でとられた。彼らの中には、軍隊に入ったことを非常に悔んで、悩みながらも命令に従わざるをえなくて、苦しみと悔みの中で死んでいった人たちが結構いた。

私はもっと単純であったから、屈強な若者が前に出ていって日本に残る弱い人たちを最後までかばうという、単なるその程度の意識しかなかった。したがって戦争そのものがとんでもない結果になるとは思うけれども、やるだけはやらないと、というような立場だった。出陣したときの心理というのはそんな感じであった。

だから、戦争に行くことに強い疑いとか苦悩とかはあまりなく、一生懸命戦っていた。戦いの中でいつ死んでもいい、もう生きては帰れないんだということで、はじめから諦めていた。どうせ死ぬのだというのが頭の中にこびりついているから、かえって悩まない。

海軍と陸軍とどちらを選ぶか。黙っていると陸軍に召集される。私は陸軍ではなく海軍がいいと思って海軍に入った。戦争に行けばいずれ死ぬという覚悟はあったので、陸軍だとどこかの野山で朽ち果てるかもしれないが、海軍だと軍艦といっしょに沈んで魚の餌になるので、そのほうがましじゃないか、と半分は大まじめに考えたりして海軍を選んだ。

学徒出陣で、十二月に、まず横須賀の武山海兵団に海軍二等水兵として入隊した。そこでひと月半ほど水兵としての基礎訓練を受けた。私たちの隊は一班十五人で八班、百二十人だったが、下士官の教官には鍛えられたというか、随分苛められた。私たちは、しばらくすると予備生徒に採用される予定なので、下士官より位が上になってしまう。そういうこともあって、良い下士官に当たればいいのだが、悪い下士官の場合はなんだかんだと言っては二等水兵の私たちを苛める。教官はK上等兵曹だったが、懲罰として食事を抜きにしたり、陰湿な苛めを受けた。

ある日の晩飯のおかずは美味そうなシチューだった。ホーローの大碗にこってりとしたシチューが盛られて、小碗に米飯、小皿に漬け物が付いている。ところがK上等兵曹は、われわれの隊の全員に「一分間で食えっ！」と命令した。シチューは熱いし、私はシチューとご飯をかわるがわる食べていた。三分の一も食べないうちに、ビッと笛を鳴らして「食事止め！　残りは全部捨てろ！」というのだ。要領の良い奴はシチューの大碗にご飯を入れてかっこんで食べてしまう。私もそうすれば良かったのだが、食べ切れていない者は皆せっかくのご馳走を捨てさせられた。そのころは皆、すごく飢えていたから、食べ物の恨みはいっそう強く、一生涯晴れることはない。

私は上官に対しても理屈を言う。上官が変な命令で、「こうしろ！」というのに、私は「どうしてですか？」「こうしたほうが良いと思うのですけれど」と、抗議というか、反論するものだから、K上等兵曹にしょっちゅう殴られた。殴るのは鉄砲の銃身を掃除する真鍮の棒の束で、ズックの入れ物に入れてある。これで頭をたたかれると、ガシャッと音がして頭の皮は破れて血が流れ、大きなたんこぶができる。

ある家族面会日のとき、K上等兵曹に殴られた翌日だった。水兵帽を被ったままでいれば良かったのだけれども、ついつい帽子を取ってしまった。父親は、私が頭にたんこぶをこしらえ血がこびりついているのを見て、「どうしたんだ？」と聞いた。私が「実はあそこにいる上官が殴った」と答えると、父はたいへん怒って、「文句言ってやろうか」と言う。私は「それは止めてくれ。後でまたやられるから」と断った。

ひと月を過ぎたころに簡単な学科試験があった。初歩的な三角函（関）数とか、常識的な英語とか、国語とかの問題だったので、大学生や旧制高校生であればほとんど合格した。合格すると、大学生は海軍予備学生、高校生は海軍予備生徒となった。そして予備生徒だけ旅順に連れて行かれた。

一月末だったので、旅順は氷点下の極寒だった。手袋を二枚重ねて訓練するが、非常に寒い。旅順は、二〇三高地、水師営、東鶏冠山（ここはロシアの塹壕と日本の塹壕が目と鼻の先に対峙しあって、戦争の最中、ロシアの側から食糧が飛んできた。こっちはこっちで日本の食糧を投げてやったというエピソードが残る）などの日露戦争の戦跡がある。そういうところで厳しい訓練をやると軍人精神が備わるという、戦争教育にはぴったりの場所とされていた。

旅順港での訓練は、凍てつく海で十二人乗りのカッターを漕ぐ訓練とか、相当厳しいものだった。戦跡をめぐる長距離競走では、アカシアの並木をくぐって走る。もともと中距離の走りは得意だったので、隊員の中で早いほうだった。そうした訓練が六月まで続いた。その頃になると暖かくなり、旅順の街はアカシアの香りが充満する。その中を行進して各術科訓練所に向かった。私は七月、長崎の大村湾にあった川棚魚雷艇訓練所に移った。

そこでは、主に魚雷艇の操船や魚雷発射の指揮訓練などを十二月まで行った。艇を操縦し、舵を取るのは兵隊だけれども、その操縦の指揮をとって、右に曲がるときは「面舵（おもかじ）いっぱい」などの号令をかける。攻撃対象に対し「射角」を決め、「てェーッ」と発射する。

その訓練中にいわゆる特攻隊志望、特攻隊の募集があった。特攻隊募集には、五段階の回答、つまり大熱望、熱望、望、何れにても可、不望のうちのどれかを答え、名前を書いて提出するのだが、私

海軍予備生徒として川棚で訓練中の正装の筆者（1944年6月）

は思いきって「大熱望」と書いて提出した。後で聞いたら、他の人も同じように大熱望と熱望で、八割方がそう答えていた。どうしてそんなに大勢の人が特攻隊を志望したのか。当時のそれぞれの人たちはそれぞれの心境にあって、それを私が勝手に想像することはできないが、少なくとも私について言えば、一つには集団の中における見栄があった。自分は勇敢で命を惜しまないということを見せたい。もう一つは、結局空腹、ひもじさだった。特攻隊に行くと美味いものを食わせてくれる。生きて帰らないという気持ちがきわめて強いから、どうせ長く生きられないならば、美味いものを食べて潔く死んでしまうほうがいいという思いが半分あった。実際訓練中はひもじさの連続だった。その二つぐらいが私自身が特攻隊を志望した本当の動機だった。

勇敢にも「不望」と書いた人がいるが、それはわずか一人か二人であった。その人達は呼び出されて、「お前は軍人精神ができてない」ということで予備学生・予備生徒の資格を奪われ、元の二等水兵に降格されて、我々の前から姿を消してしまった。それから、特攻隊に採用された人達も、やはり間もなく姿を消した。

私はせっかく大熱望と書いても特攻隊には採用されなかった。ということは、特攻隊に出すよりも、魚雷艇に残したほうがいいということから残されたのだろうと思った。訓練の終わりに改めて配属の希望を聞かれた。私は魚雷艇隊がいいと答えたら、君は長男ではないか、本当に良いのかと念を押された。私は、本当に良いです、家には弟がいるので大丈夫ですと答えた。

海軍に入って辛い思いもしたが、水兵として鍛えられ、どうやら少尉候補生となって、一九四四年十二月末に第二魚雷艇隊に配属された。

父島の魚雷艇隊に配属

魚雷艇隊は二つあり、第一魚雷艇隊は千島列島、第二魚雷艇隊は父島に配備されていた。私は、年が明けて一九四五年一月、輸送船で父島に送られた。

その船は硫黄島行きの輸送船で、大勢の兵隊のほとんどは硫黄島に向かっていた。私の友達も硫黄島行きということで乗っていた。船は父島に寄って硫黄島に行く。私は父島で何人かと一緒に下船した。そのとき、硫黄島に向かう船の甲板の上でみんな帽子を振っていた。これは「帽振れ」という海軍の一つのしきたりで、決まった礼のやり方だった。

父島は山ばかりで平地がほとんどないが、硫黄島は台地状になっていて、飛行場として利用できたので、陸軍、海軍の兵隊が沢山いた。彼らは硫黄島に上陸したわけだが、一か月後にはアメリカが硫

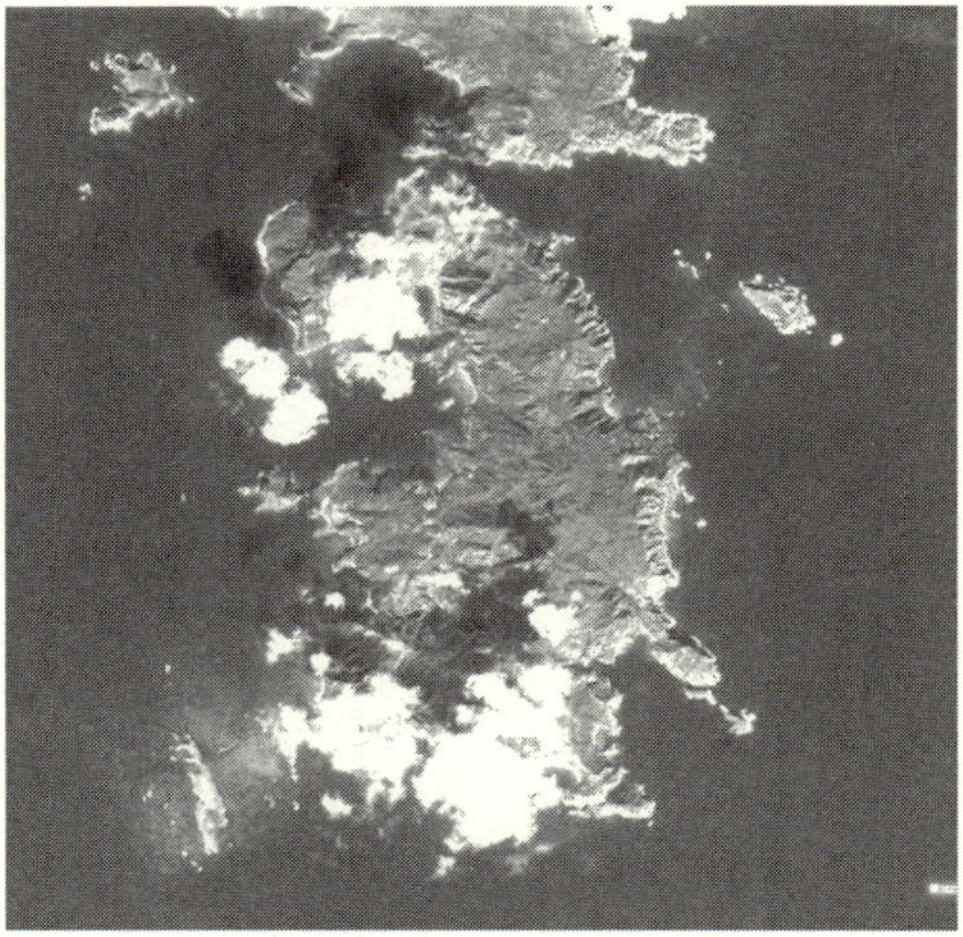

父島の航空写真
（Google Earth より）

小笠原諸島地理関係図

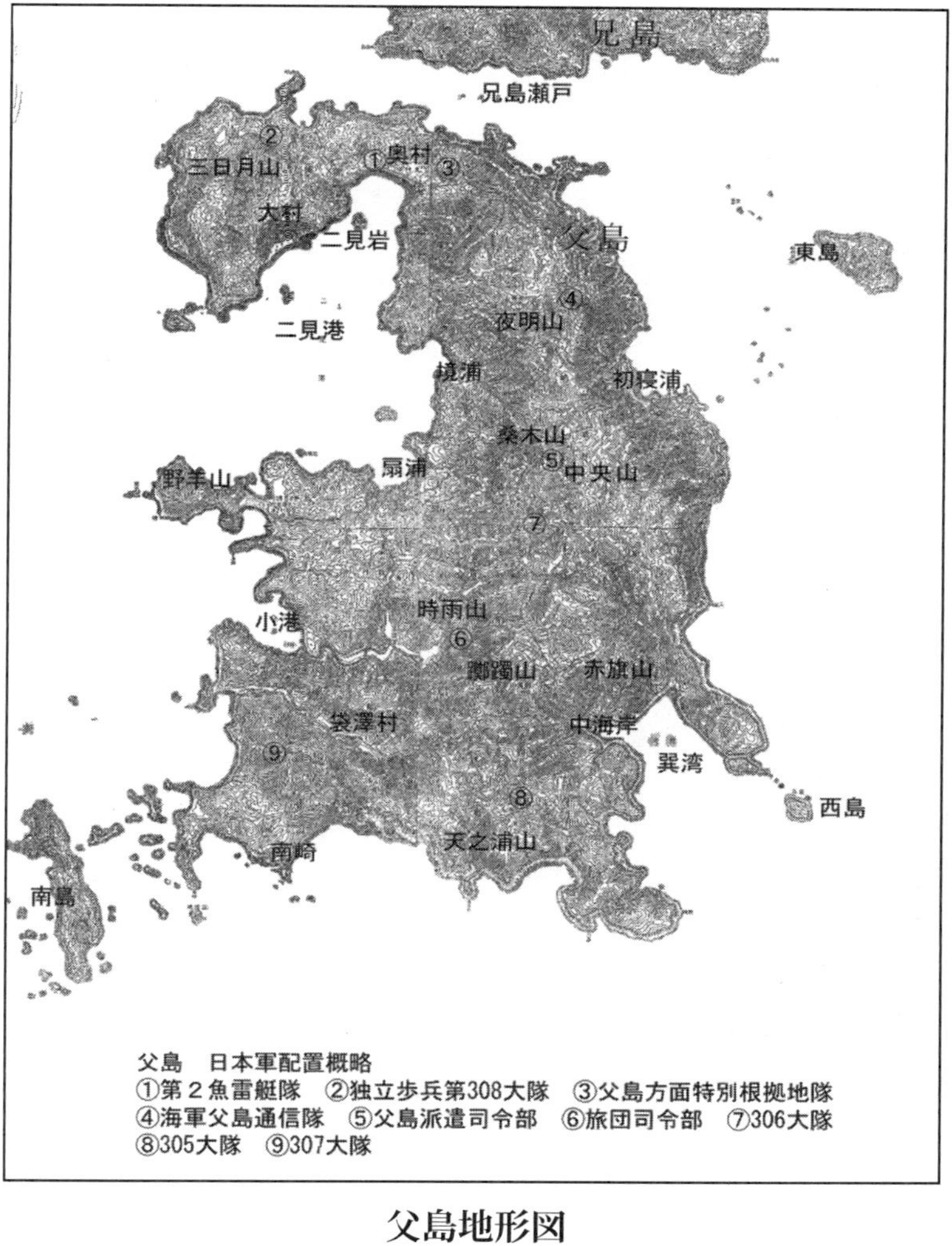

父島地形図

（陸軍参謀本部陸地測量部五万分一図父島四葉より作成。部隊配置は小笠原戦友会編『小笠原兵団の最後』の記述を参考にした）

乙魚雷艇のスケッチ　画・土屋公献

黄島を攻撃してきた。二月に入って間もなく硫黄島の沖に戦艦、航空母艦、巡洋艦、駆逐艦、輸送船が無数に集結し上陸作戦を始めた。このため硫黄島守備隊は全滅した。ほんのわずか捕虜になって生き残った運の良い人もいたが、大部分が〝玉砕〟してしまった。

父島は、小笠原諸島の中心的な島で、東京から千キロ南に行ったところに位置している。硫黄島はさらに二百キロぐらい南にある。

父島は南北六㎞（一里半）、東西四㎞（一里）の小さな島で、陸軍の大部隊と海軍陸戦隊、高射砲隊、震洋隊、われわれの魚雷艇基地があった。魚雷艇は、排水量二十トンくらい、十人乗りで長さが十八メートルくらい、舷の両脇に魚雷を二本抱えた高速ボートで、艦船に対して魚雷攻撃をするのが任務だった。

父島の魚雷艇は、硫黄島の近くまで出て行って、大きな船に対して魚雷を発射して攻撃することができる。硫黄島の沖合に集結した軍艦や輸送船が、父島の魚雷艇に攻撃されて沈められたりしたらたまらないので、米軍は父島の魚雷艇を全部潰してしまおうとした。父島に魚雷艇が三十何隻かあったが、これを狙ってアメリカの航空母艦から飛び立った無数の飛行機が、父島に飛んで来た。

米軍は二月十六日、硫黄島に対して、島を囲んだ軍艦からの艦砲射撃と爆撃によって総攻撃を開始した。これと連動して、父島には十七日から猛爆撃が始まった。米軍の目標は、一つはわれわれの魚雷艇を叩きつぶすこと、もう一つは夜明山にあった海軍通信所を破壊することだった。海軍の通信所は、当時は無線の電波が届きにくかったので、南太平洋に展開している日本軍と東京の大本営との通信を確保する中継基地としての重要な役割をもっていた。米軍はこの通信所も潰そうと躍起になったが、通信施設は、夜明山の山頂付近の防空壕の奥にあり、また電波のアンテナも父島の複雑な地形から結局潰すことができなかった。最近映画で話題になった硫黄島戦の最終局面で、最高司令官であった栗林中将が送った最後のメッセージは、この父島の通信所に送られたものだった。

われわれ父島の魚雷艇隊は、米軍の戦闘機や爆撃機が魚雷艇に機銃掃射したり、小型爆弾を投下しようとするのを迎え撃った。米軍機が攻めて来ると、陸軍や他の海軍部隊は防空壕に待避して対空砲などで応戦していたが、魚雷艇隊は、米軍機が他のところを攻撃しているときはともかくとして、魚雷艇が攻撃されたときは、それを守らないと沈められてしまう。そのため魚雷艇に乗りこんで、向かってくる米軍機を狙って機銃で必死にダダダッと撃つ。

米軍機は、機銃でバリバリ撃ちながら近づいてきて、爆弾を落とす。その爆弾もロケット弾といって、いったん狙ったら真っ直ぐ飛ぶ爆弾であった。それで魚雷艇ごと吹っ飛ばされた者もいたが、死傷者や艇の被害は案外少なかった。

仲間の兵隊たちは、敵がバリバリとやってくると、頭を抱えて伏せて避けようとするが、私は立ったままでいた。弾片が顎をかすめていったことはあったがかすり傷ですみ、命中することはなかった。そのうち米軍機にこちらの弾が当ると、パイロットは脱出してパラシュートで降りてくる。

そういう戦闘の中でも、初めのうちは少しも怖くなかった。撃ち合いをやっている間は怖くはなく、不思議なことに弾がビュッビュッと飛んできても少しも恐怖感が湧かなかった。しかし、隣りで死んでいく仲間がいる。ニコッと笑って死んでいくなら、あるいは「天皇陛下万歳」とか言って美しく死ぬならいい。口から入った弾が頭に抜けて、鉄でできたヘルメット、鉄兜を貫いてしまう。目を剥いて、開いた口から血が物凄い勢いで噴き出ている。そういう惨たらしい死に方を目の前で見ると、だんだんに怖くなってくる。戦友が無惨に死んでいくのを見ていると、今度はこっちがあんなふうに死ぬのかと思うようになって、死というものを実感するようになっていった。

米兵捕虜の斬首を命令された

私が小笠原で体験した最も残酷だったものは、アメリカ兵捕虜の処刑であった。私は、落下傘で降下したアメリカ航空兵捕虜の処刑を命じられた。そのアメリカ兵捕虜は中尉で、名前をウォーレン・

アール・ヴォーン（Warren Earl Vaughn）という青年だった。われわれは「ワレン・ボーン」と呼んでいた。

父島を攻撃してきたアメリカ空軍のグラマンに乗っていた中には、今のブッシュ大統領の父親のブッシュ元大統領がいた。ブッシュは、こちらが撃った弾に当たって墜落したアメリカ兵の一人だった。海にパラシュートで降りたブッシュらは、潜水艦に助けられた。海岸近くや陸に降りたアメリカ兵は捕虜になった。

父島では何人かの米軍兵士が捕まったが、捕虜の全員が首を斬られたり、残酷な方法で処刑された。もし逃げられて、潜水艦に戻って島の様子を通報されても困るからだった。第一、こちらも相当飢えているわけで、彼ら捕虜に食べさせるための食糧がない。われわれの食べているものよりは多少いいものを食べさせないと、虐待したと言われても困る。捕虜の人に食べさせるほどのものはない。そんな理由をつけ、本来、国際法で「捕虜を殺してはいけない」という条約があるにもかかわらず、当時の日本軍は、まったく条約を無視してどんどん殺していた。

ウォーレン・ヴォーンの斬首が決められたとき、上官から「土屋、剣道二段だからその捕虜を日本刀で斬れ」と命令された。私としては、剣道二段でたいして強くはないが、全然心得のない人よりは日本刀の扱い方くらいは知っている。だから、「お前、斬れ」と命令されれば嫌だとは言えなかった。

また当時の雰囲気としては、生きて帰れないのなら何をやってもいいという気持ちだった。島には一万人程度の兵隊だけしかいない。民間人は、兵隊の手伝いをするという名目で、ごく少数の人

父島扇浦湾を望む（1988年4月23日　43年ぶりの訪問時。人物は筆者）

がいるだけで、女性などはまったくいない。どうせこの島は最後は全滅だと、みんな思っているので、生きている間は何をしようといいが、それでも悪いことはしたくない。だが、敵であるアメリカ兵をやっつけるのだったら、大喜びでやる雰囲気だった。私は好んで人を斬ることはないけれど、斬るということにさほどの抵抗はなかった。斬れと言われれば斬る。これも、ひとつの戦争だというくらいの気持ちだった。

ところが処刑前日、翌日になったらやらざるをえないというときに、「土屋がやるくらいなら俺がやる」と自分から申し出たのがK少尉だった。彼はC大学に在学していた人で、剣道四段。腕前は私よりはるかに上であった。それで、上官も急に「土屋が二段で、Kが四段なら、K、お前のほうがやれ！」と言うので、彼は勇んで引き受けた。次の日、彼はものの見事にバッサリやった。斬った瞬間、座っている捕虜の首が前にバラッとぶら下がって、血を噴き出してパタリと後ろに倒れた。途端に、見物していた兵隊たちから拍手喝采が沸き上がった。

ウォーレン・ヴォーンの処刑の日は三月半ばで、まだ硫黄島の戦闘が終結していないときだったと記憶しているが、はっきりはしない。米国作家ジェームス・ブラドリー（James Bradly）著『フライボーイ（FLY BOYS）』によると、一九四五年三月十七日の午後三時頃となっている（著書に『Flags of Our Fathers』）。

私は、その捕虜を殺す処刑の日が当直将校であった。当直将校は、その日の部隊全体の日程を滞りなく進行させることが任務だった。魚雷艇隊で預かっている捕虜は、「ワレン・ボーン」一人だけで、彼を処刑場に連行するのも私の任務だったので、彼に目隠しをして首を斬る場所まで連れて行って座らせ、胡座をかかせた。

その前に何日間か捕虜を部隊で預かっている間、私は多少英語を喋れたので、「ワレン・ボーン」とある程度会話をした。そのときに彼の歳を聞いたら満で二十二歳。私は当時数えで二十二歳、満二十一歳だったので、彼は一つ年上だった。「君には恋人がいるのか?」と聞いたら、「まだ全然恋人なんかいない、母一人子一人で、母親は首を長くして帰ってくるのを待っている」と答えた。そういうことを聞いて、「可哀想だなぁ」と思った。

ウォーレン・ヴォーンが魚雷艇隊に引き渡されてから処刑までは、少なくとも一週間あった。もしかしたらもう少し長かったかも知れない。魚雷艇隊の防空壕の奥に押し込められてはいたが、格子のような仕切りもなく、別に縛られていたわけでもなかった。世話係がいて、われわれよりも良い食事を与えられていた。彼自身ももう諦めていたのか、逃げようとはしなかった（いわゆる父島戦犯事件について著述しているもののほとんどは、ウォーレン・ヴォーンの身柄を魚雷艇隊が引き受けてすぐに、K司令の命令でK少尉が首を斬ったように書いている。しかし、それは正確ではない）。

私はそのときはまだ少尉になっておらず少尉候補生だったが、彼は中尉。同じ下級将校であったけれども、素直ないい人であった。その人の立場になってみると、なぜ本当に善良な何にも罪のない人が、なぜ飛行機に乗ってこちらの人間をたくさん殺しにきたのか。こっちはこっちで、なぜあの人を惨たらしく殺さなければならなかったのか。

戦争は、なによりも戦争を始めるトップの連中が罪を負っているのだが、普通の人々は、そんな奴らによって安易に戦争に引っ張り込まれて犠牲になったり、命を奪ったり奪われたりし合う。これほど愚かしいものはない。そうかといって、日本が中国を攻めたときとまったく逆に、今度は日本がアメリカから攻められて、いつ滅びるかわからないというときに、防衛するために自分が使われるのはしょうがない。若者が、老人、婦女子、子どもを守るために前線で闘わなければならないのも、それはもうしょうがないことだと思っていた。

ウォーレン・ヴォーンは見事に斬られた。斬るほうも、非常に見事に首を斬った。斬られるほうも泣きわめいたり叫んだりすることもなく、従容として座り、ばっさりと斬られた。他の部隊の話を聞くと、斬られる捕虜は、逃げることはできないが、泣きわめいて体をよじって逃れようとし、斬るほうも下手なので、一振りで斬ることができずにいったん斬りつけて、また別な所を斬りつけて、と非常に凄惨な場面もあったという。

四段の彼は、非常に見事に斬ったことで、それこそ大いに名を挙げたというか、男を挙げたという形で、その翌日から、彼は島の中で英雄となって意気揚々と歩いていた。戦争をやっている間は、その人はそれでよかったのだと思う。

戦場での飢え

小笠原の父島というのは非常に小さな島で、食糧が足りず、みんな栄養不良、栄養失調だった。私も栄養失調で、足の指をちょっと怪我しただけで、そこが霜焼けみたいにどんどん崩れてきて、何か月も治らないという状態になった。そのくらい栄養が足りずに、皆ひもじい思いをしていた。島内には飼い犬がたくさんいたのが、いつの間にか姿を消してしまった。犬たちは全部食べられてしまったということだった。メジロなどの小さい鳥を撃ち落としたり、比較的大きなデンデンムシ（カタツムリ）も食べたりした。銀ねむの実を食べると頭が禿げると言われた。

食糧が不足していたので（敗戦後に知ったが、本当は何年も籠城できるよう貯めこまれていた）、少しでも食べ物を得るために山の中腹の平地を畑にした。もっとも、砂地で土地が痩せていたので、たいしたものは出来ない。魚雷艇隊では、カボチャを作った。できたものはべちゃべちゃと水っぽかったが、それでも無いよりはましだった。ところが、大々的にカボチャを栽培しているときに、米軍機が爆弾のかわりにビラを撒いていった。そのビラには、「そろそろカボチャの収穫期、お楽しみですね」という内容のことが、日本語で冗談っぽく書いてある。そして次の爆撃があったとき、米軍機はカボチャ畑に、今で言うクラスター爆弾のようなものを落として、カボチャを全滅させてしまった。こちらは、もうすぐ穫り入れて食べられるというときに全部やられてしまったので、本当に悔しくて仕方なかった。

硫黄島が全滅したため、食料確保などをも任務とした北硫黄島の部隊約八十人が完全に孤立してしまっていたので、一九四五年七月に第二魚雷艇隊が救出に向かうことになった。

私は一回目の作戦のときに出撃したが、このときは北硫黄島付近に着いた頃には夜が明けてしまい、救出はできずに引き返してきた。そして二回目の作戦では救出に成功したが、北硫黄島にいた部隊の全部は収容できずに、三十人ほどが残された。残された兵隊たちは、「必ず迎えに来てくれよー」と叫び続けていたという。この作戦で、K司令の乗った司令艇は、米軍の駆逐艦に攻撃をしかけて逆に轟沈され、K司令は戦死した。司令艇艇長のS兵曹長は泳いで救出された。H中尉は、撃沈されたときに自決用の青酸カリを持っていたが、海中ではそれを飲み込むことができず、米軍に救出されて捕虜となった。

ウォーレン・アール・ヴォーンの処刑の当日、当直将校として翌朝八時まで徹夜の勤務をしていたときのことであった。深夜に二人ほどシャベルを持った兵隊を、警備の兵隊が捕まえ連れてきた。「どうしたんだ」と問い質すと、捕虜を埋めた穴から遺体を掘り出して、その肉を食おうとしたという。

その兵たちの言い分は、「自分の兄貴がガダルカナルで無残にアメリカに殺された。飢え死にしそうになって倒れているのを戦車でひき殺された……非常に可哀想な死に方をした。その敵討ちをするんだ。そのためには捕虜の肉でも食らってやる！」と考えて掘り出そうとしたのだと、そういう台詞だった。それは表向きで、本当は腹が減っていたのだと思う。私は従容として死んだ捕虜を誉めて、それは止めろとお説教して帰した。

当直将校の日誌には、そういった出来事もすべて書かなくてはならない。翌朝、司令に夕べの出来事を報告したところ、「食わせてやればよかったじゃないか」という、すごい返事が返ってきた。それほど戦地は殺伐として、誰もが生きて帰れないと思い込んでいて、何をやってもしようがないという心境に陥っていた。

腹に入るものなら何でも食べてしまえという、そういう凄まじい境遇の中で、これからいつまで島で生き残っていられるのか、アメリカが上陸してきたらどうなるかということを常に考えていた。結果的にみたら、父島はじめ小笠原諸島には上陸しなかった。硫黄島は飛行場として非常に役に立つ島で、米軍は東京空襲などに使う拠点を確保した。硫黄島が全滅すると、父島の軍事的価値はほとんどなくなったので、われわれ父島の日本軍への定期的な爆撃はずっとあったが、味方からも敵からも見捨てられたような存在になってしまった。

戦地の心理というのは、飢えていたこともあって、非常に荒んでいた。父島で捕虜を食ったりしたことで、ＢＣ級戦犯になった人もいる。私の場合は、肉を食おうとしたのを止めたということはあったが、他の部隊の実際のところは見ていない。ただ、米海軍のグアム軍事法廷（ＢＣ級戦犯裁判）では、父島の日本軍部隊の最高司令官であった立花陸軍中将や的場大佐、吉井海軍特別独立根拠地隊司令官や将校、下士官、軍医などが、米軍捕虜の虐殺や遺体を解剖したことで絞首刑や懲役刑に処せられている。人肉を食ったのは架空の話ではなく事実であったとされている。

あるとき、第二魚雷艇隊の近くにいた陸軍のある大隊に呼ばれてご馳走になったことがある。その部隊の大隊長がＭ中佐だった。Ｍ大隊長は陸軍の部隊の中でかなりの勢力があり、大変ワンマンだった。また大酒飲みで、飲むと見境なく乱れてしまう。

Ｍ隊の司令部に行くと、テーブルにはすごいご馳走が並べられていた。小笠原の海老は小笠原海老といって、普通の伊勢エビなどよりグーンと大きい。それがドーンと一人に一尾ついている。その他いろいろな料理があって、ずっと腹を空かして飢えていた私は、そのご馳走にすっかり喜んでしまった。

そのうち、私は理屈っぽいものだから、酔いも手伝ってなんだかんだと喋っていたら、「おい、その候補生こっちに来い！」と呼ばれた。Ｍ大隊長は、「さっきから聞いていれば、なんだかんだと理屈をこねやがって、貴様は何様だ！」とさんざんに怒鳴りつけられた。Ｍ大隊長は身体が大きく頑丈な人で、酒に酔ってはしょっちゅう部下を殴る。その殴り方が尋常でなく、士官が殴られて怪我をさせられ、それを軍医が治療することがよくあったと、父島の部隊関係者の回想録にある。

そのとき、大隊長はぐでんぐでんに酔っぱらっていたので、怒鳴るだけ怒鳴ると、ごろっと横になって寝てしまった。さんざん人を怒鳴っておいて、あっと言う間に寝てしまったのを見て、私は、よせばいいのに皮肉って囃すように「ごうーちん（轟沈）、ごうーちん（轟沈）」と大きな声で当時流行の歌を唱った。

するとM中佐はムクッと起き上がり、「起てッ」と言って私につめより、激しく殴ってきた。あんまりメチャクチャに殴られたので、私はぶっ倒れて、気を失ったようにそのまま寝てしまった。殴ったほうのM大隊長も酔っぱらっているし、殴り疲れたのか、折り重なるように倒れて寝てしまったようだ。

大分経ってから気がついたら、夜が白々と明けようとしていた。こんなところにはいられないと、被さっているM中佐の体を押しのけて抜け出して、一人でとぼとぼ山道を歩いて海岸まで出た。海岸で潮風に当たると、どうも顔がおかしくなっていると思ったが、鏡がないのでよく分からなかった。部隊に帰って鏡を見ると顔中が紫色に腫れていた。そんな顔ではみっともなくて皆の前に出られないので、一週間くらい主計課の個室に隠れて休んでいた。主計長は大尉だったが話の分かる人で、「とてもじゃないが兵隊の前には出せない」と言って匿ってくれた。食事も毎食、運んできてくれ、青あざが引くまで休んでいた。

われわれの魚雷艇隊は、他の部隊とはそれほど往き来がなかったので、あまりよく知らなかったが、陸軍父島部隊の幹部たちの横暴な振る舞いには兵隊たちは腹をすえかねていたようだ。兵隊たちは非常に飢えているのに、彼らは毎日のように宴会をして、本来兵隊に飲ませる酒さえ、隊長たちが飲んでしまった。敗戦後、M隊の兵隊たちは、反乱を起こそうとまでしたということだ。

戦争が終わると状況は一変した

一九四五年の八月十五日に戦争は終わった。天皇の放送を聞いた人が防空壕に駆け込んできて、日本が降伏したと泣きわめいていた。一日二日は、「内地はだらしがない」とか、「なぜ降伏したんだ、みんなが天皇を唆して降伏させたのか」とか、皆えらい剣幕だった。はじめは「島に立てこもって全滅するまで頑張ろう」などと言っていた。

敗戦を知ったときは、これで助かったという感じだった。日本が負けたという第一報を知らされたときは、日本本土の悲惨さを知らなかったので、「そうか、案外早かったなぁ。もっと頑張っているのが日本人じゃなかったかなぁ」と思っていたが、本当はもっと早く降伏すべきだった。敗戦から何日か経つと、やはり戦争が終わったという解放感を味わった。

戦争の間は十分な食糧を与えられず、私たちはいつも非常に飢えていたけれども、実は父島の部隊では、一年でも二年でも籠城するつもりで、防空壕の奥深くの主計の倉庫に何年分もの食糧が貯めこんであった。しかし敗戦となったら、残しておいて米軍に取られたりしたらつまらないというので、倉庫からどんどん出してきて、打って変わって贅沢三昧の生活が始まった。鮭缶あり、牛肉缶ありで、酒もウイスキーあり、二級だったけれど日本酒ありで、これは引き揚げるまで残っていた。もっとも米軍は、こちらの食糧には見向きもしなかった。

私は栄養失調で痩せこけてしまって、足の傷がずっと治らずにいたのが、食糧事情が良くなると傷も直ぐに治り、体力も回復して以前より肥えて帰ってきたような次第だった。

食糧以外の物資も豊富で、帰還のときは冬になっていたので、毛布など持てるだけ持っていってよいということになったが、そんなに担いでいけるものではなかった。兵隊たちは毛布をほどいて上手に股引やシャツを編んでいた。海軍の兵隊には器用な連中が多かった。また、もともといろいろな職業の人が兵隊になっていたが、中に大工の兵隊がいた。彼は、魚雷艇修理用の檜があったのを使って伊勢神宮の模型を作り、防空壕の一番奥に奉ったりしていた。バイオリンを作る人もいた。弦は通信隊の針金や釣り用のテグス糸で代用していた。

戦争が終わる前に、「父島海軍の歌」の詩の募集があり、私の作ったものが入選して、その詞に作曲家が曲をつけたが、全体に広まって歌われる前に戦争が終わってしまった。私の詞に作曲したのは、楽団南十字星の第一バイオリンを担当していたM一等兵曹だった。

そのうちに、われわれは島にいてどうなるのか？　アメリカ軍の捕虜になって南の方に連れて行かれ、重労働何年ということになるのではないか？　という噂が流れるようになった。父島は東京から

父島の日本軍降伏時、提出された将校用の軍刀（1945 年 10 月）

千キロ以上も南だが、さらに南のサイパンなどへ連れて行かれるのではないだろうか？　あるいは裁判にかけられるかもしれないなどと話し合っていた。

戦争自体は終わったから、一応これで目の前の爆撃を受けたりして死ぬということはなくなった。そういう意味で命は救われたという感じであったが、「これからが大変だ。捕虜になって何年間も働かされるのか」などと思っていた。

父島の二見港というのは、湾になっていて出口が西を向いていた。湾を出て左へ行くか、右へ行くか。右へ行けば北の方、すなわち日本本土に帰るわけで、左に行けば南へ行く。十月初めにアメリカ兵が上陸してきたとき、はじめは「とうとう南に行くのか」などと、みんな悲観的な見方をしていた。そのうちに、「まぁ、アメリカは捕虜として重労働させるなどということは（当然国際法上違法だから）しないだろう」と、だんだん楽観的になってきた。

父島の日本軍は九月三日に降伏し、十月六日、米軍が上陸してきた。アメリカ兵はチューインガムを噛みながらわれわれを武装解除した。われわれ将校は軍刀を持っていて、みな腰にさげている。その日本刀をわれわれ一人一人が両手で捧げるようにして丁寧に相手に渡す。受け取るほうはあっさりしていて、チューインガムを噛んで「アー」なんて言っている。こんなとき、いかにもアメリカ人らしいと思ったが、何か無礼だなぁとも感じた。

こちらは、これからどうなるのだろうかと大変に緊張していたが、彼らの態度は全く友好的であったので、「あぁ、これで南の方に連れていかれることはないなぁ」と感じた。

そして、十二月の末になって、輸送船として気象観測船がやってきた。その船に大分満杯に乗って東京に引き揚げてきた。米兵捕虜の首を斬ったKも一緒だった。帰ってくる船の中で、Kは「みんな黙っていてくれよな。あのことだけは秘密にしてくれよな」と懇願する。「もちろんだとも」と答え、私たちは固く約束した。彼が申し出なければ、私が斬ったかもしれない。とことん秘密にして、斬った人をみんなで守らなければいけないという強い気持ちであった。

送還の船が入ったのは浦賀港だったと思う。十二月の、冷たい雨が降る寒い日に復員してきた。桟橋に出迎える群の中に朱い蛇の目傘を見たとき、「あぁ、日本はいいなぁ」と思った。もうじき正月という歳の暮れに帰ってきて、一週間ぐらい手続のために横須賀の基地にいて、それからやっと板橋区（現在は練馬区）の家に帰ってきた。

米兵捕虜の首斬りのことは、みんなで口をつぐんだはずだったのに、残念ながらどういうわけか、アメリカ軍にそれが漏れた。ＭＰ（アメリカ軍の憲兵）が、捕虜虐殺の容疑でＫを逮捕するために、地元の警察の道案内で彼の郷里に捜しに行った。彼は、兵隊から戻って、Ｃ大学に復学し東京にいたが、電話か電報でＭＰが彼を捕らえに来たということが伝わった。彼は夜陰に乗じて郷里の家に戻り、捕まる前に庭先で自分で頸動脈を切って自殺した。一九四六（昭和二一）年の春のことだった。

私はそれを聞いて、本当に申し訳ないと思った。彼は私の身代わりになった。もし私がやっていたらどうなっていたか。Ｋの父親が生きているうちは、墓参りに何度も行った。しかし、今となっては、遺族も代替わりしていて、墓参りに行っても喜んでくれはしないだろうと思って、最近はご無沙汰している。だが、しばらくの間は、Ｋに対して本当に気が済まなかった。

ある日、高等学校に戻って勉強をしていた私を、同じ部隊の人が訪ねてきた。捕虜殺害の裁判が始まるが、私は首斬りの日の当直将校で、目隠しをさせて刑場に導いたりしたから、きっと証言に引っ張り出されると思われたのだろう。いろいろ聞かれるだろうが、殺人幇助になるから言わないでいいことは言うなということだった。「これとこれとこのことは言わないでほしい。この件はもう証人が選ばれていて、言うことが一致しないとまずいから」と、話す内容を一致させるために打合せに来たことがある。伝達に来た人は、当時、捕虜の監視をしていた。軍隊時代の位は私より下で、軍隊の中では位が少し違っても上下の関係は絶対的だったが、戦争が終わってみると彼は歳が私よりずっと上で、背広を着てバシッとしていて社会人という雰囲気なのに、こちらは詰襟の貧乏学生だった。結局、私は最後まで証人として呼ばれることはないまま過ぎた。私の証言がなくても、ウォーレン・ヴォーンの処刑は裁判を通して明らかにされてしまった。

殺すか殺されるかが戦争というもの

東京も大阪も凄まじい空襲に遭った。全国各地の都市も爆撃を受けた。広島・長崎には原爆を落とされた。皆、殺すか殺されるかだという戦争を直接に体験している。

私の場合は、戦場で武器を持って相手とやり合っていたが、武器があるだけ恐怖は薄れる。それに比して、空襲で逃げ回る内地の人たちの味わった恐ろしさはどんなだったたか。逃げ回って、しかも大事な家族を失い、傷を負い、家を失い、孤児になったりした。広島や長崎では、逃げることすらできなかった。空襲で逃げ惑って死んだりケガをしたり、家を焼かれたりした人たちのほうが、われわれ戦地で、敵と向かい合って戦った者たちより、むしろ戦争の恐怖を身をもって経験し、戦争のむごたらしさを目のあたりにしたのではないだろうか。

だから当時、生きていた日本人は、戦争の悲惨さというのが分かっているはずだ。その人たちは、二度と戦争をやらないということを後世に伝える義務がある。その人たちがおとなしくしていてはいけない。重慶大爆撃被害の裁判をやっていると、いっそうそのように感じる。重慶の人も東京空襲の人も多分同じで、戦災孤児のような、ほんとうに可哀想な悲惨な体験をしている人たちを見ていると、戦争ぐらい愚かなものはないと思うし、戦争は二度と起こしてはいけないと思う。

私の小学校、中学校にかけての頃は、日本は軍国主義一色の、暗い世の中になっていた。ものを言うにも気をつけろという時代で、思想統制、言論統制を子どもながらもそれなりにだんだん分かってくる。「憲兵が来るからそんなこと言っちゃだめ!」などとすぐ言われた。

皇室に関する冗談もそうだった。人々が本当に天皇を敬っているかというと、必ずしもそうではない。そういうものなんだと思わされているだけであって、天皇が神様などとは誰も思っていない。冗談ではいろいろ、「朕思うに……」という教育勅語をもじって、失礼な言葉を並べたりするくらいのことはあった。けれども、それをうっかり人前でやろうものなら、憲兵に捕まって大変なことになる、という時代だった。

それが今日、同じように、だんだんに国家による思想教育、思想の統制というか、日の丸・君が代を「国旗」「国歌」として強制することなどをまたやりだした。皇室が偉く扱われ、尊い特別の存在のようにされて、「皇室外交」に利用され始めた。本当に警戒に値する。

今の天皇家の人たちには罪がないから、あまり悪口を言う気になれない。孫の女の子が生まれたりすれば可愛いいし、何の罪もない。ただ昭和天皇というのは、文字どおり「元首」として、とんでもないことをしてくれたのに、責任を免れて気楽な一生を送った。その昭和天皇に対する批判をすれば、右翼がすごい勢いで襲ってくる。そういう時代になってきた。

最近も、私が朝鮮総連の弁護をしているということで、右翼の街宣車が「国賊土屋、日本から出ていけ！」と言ってくる。「国賊」などという言葉が使われるようになってきたが、戦争の時代には、非国民とか、国賊とかいう言葉で皆を抑えこんだ。そう言われないように、皆が、非常におどおどして暮らしていた。そのおどおどする時代がまた来るのではないか。私の中で、そうした危機意識が、戦争体験から来る反戦の決意と結びついている。

日本が中国侵略戦争を行っていたときに、中国大陸だけでも二千万人もの中国人を殺している（中国軍事科学院他『中国抗日戦争史』）。当時の日本の人口の四分の一ぐらいになる。日本人で死んだ人は、兵隊も民間人も含めて三百万人。日本は侵略戦争で攻めこんでいったが、それでも三百万人も死んだ。戦争というのは、殺したり殺されたりだ。

戦争のときも、私のような若者の気持ちと、家族を持っている人たちの気持ちは違っていた。妻や子どものいる家族持ちの兵隊は、歳は私よりずっと上で、そうした兵隊が戦死してしまうと本当に気の毒であった。実際、家族持ちの兵隊はあまり勇敢ではない。どうせ生きて帰れないと思いながらも、やはり百に一つも生きたいという気持ちが強くある。だから、なるべく危険なことはしない。敵の弾がバリバリくると、必ず身を隠して弾が当らないようにする。

自分で言うのもおかしいが、私は無鉄砲というか、自分はまだ独身だし、いつ死んでもいいと思っている身だから割合と勇敢だった。

ある日のこと、魚雷艇の燃料にするガソリンの入っているドラム缶が並べてあるところに爆弾が一つ命中したために、端から次々に爆発しだした。あそこに三十缶、ここに三十缶と並べてある。ガソリンの入ったものが一つ爆発すると、その熱で隣りの缶がまた爆発していき、ほうっておくと三十缶が全部やられてしまう。そこで私が、やられていない缶をなるべく爆発しているものから遠ざけようと、どんどん転がして移した。三十缶のうちの七、八缶は爆発して燃えたけれども、大部分は免れた。

そのとき、私についてきた兵隊はみんな独身であった。若い二十歳前後の兵隊はついてきたけれども、家族持ちは来なかった。そのとき私が妻や子どもを持っていて子育ての最中だったとしたら、逃げるのが当り前だと思う。けれども、その場は逃れても、別な場面でむざむざと殺される。その人たちは、いったいどのような気持ちだったのだろうか。何のために死ぬのか、当時はそれほど考えなかったが、帰って来て振り返ってみると、何というか、戦争で死んだ人は何にもならない死に方をしてしまった。戦死と名付ける人もいるが、大部分が飢え死や病死だった。その人たちはどんなに無念だったろうと思う。

しかも、戦争では罪のない人が一番多く殺され、罪のある偉い連中は生き残る。当時悪いことをして生き残った人が随分いる。しかし、決して自分からは、中国大陸で罪もない中国人を何人殺したとか、首を斬ったとか、女性を犯したとか言わない。そういうことは口をつぐんで絶対言わない。そういう人も軍人恩給をもらっている。

私は、アメリカ人の首を斬りそこなって、それで済んだので、辛うじて自身の体験を告白することができた。しかし、もし仮に私が中国大陸に行っていたら、のどかな農村に暮らしている人たちをいきなり襲って、罪もない子どもを刺し殺したり、母親を犯したり、助けてくれと拝んでいる老婆を殴り殺したりしたかもしれない。そういうことをやった人たちを、中国人は日本の鬼（日本鬼子（リーベンクイズ））と言って、未だに恨んでいる。

戦死した人たちは英霊と言われているが、本当に立派なことをした英霊に値する人は何人いるのか。英霊といっても、残虐なことをして、その報いとして死んだ人もいるわけで、英霊という言葉は誠に空しい言葉である。

徴兵制を許すと

私たちはその当時は「同期の桜」「死ねば靖国神社で会おう」「桜の梢に咲いて会おう」などという歌を歌いながら別れた。だから、海軍で一緒に苦労した連中の同窓会みたいなのが時々あって、「死んだ友達が靖国にいるから一緒に参拝しようじゃないか」と言われると、毅然として「俺は絶対に行かない」という態度はとれない微妙な心境もある。

しかし、靖国神社は、戦死した軍人（軍属）を「天皇のために命を捧げた英霊」として祀ることで、戦前の国家神道の時代から一貫して、日本人を戦争に縛り付ける役割を担ってきた。靖国神社は、国の命令で兵隊に行って死んだ人を、無条件に神として祀ってしまう。A級戦犯も祀り、祀られたくない人も祀られてしまっている。当人や遺族がキリスト教徒であったり、また軍人・軍属とされた朝鮮人や台湾人をも靖国神社の側は勝手に合祀してどんどん神にしてしまうから、そのような人の遺族から抗議が起こる。

犬死にだと言うと、その人たちの親族が怒るから言わないが、しかし本当に無駄な死に方をした。決して尊敬される死に方をしたわけではない。だから二度と英霊になんかならないでもらいたい。

A級戦犯までが祀られていて、あるいは大勢の中国人を殺した日本鬼子までが祀られているところに行って拝む。このようなことは、中国やアジアの人たちから見れば、靖国神社というのはとんでもないものだということになる。そこへ、わざわざ総理大臣が行くのだから、それこそカンカンに怒るのは当たり前だ。それを無反省に繰り返している。その政治感覚というか、これが日本の総理大臣かと思うと、情けなくてしようがない。

私たちは、「A級戦犯を祀っている靖国神社に総理大臣や閣僚は参拝するな」と言う。総理大臣や閣僚が靖国神社を参拝するのは大問題だが、今の自衛隊の人たちに「勇気を持って戦争をやって死ねば必ず英霊になれますよ」と言って英霊を再生産しようとしていることは、それにも増していっそう大変な問題なのである。

戦争を始めるのは、民衆ではない。大資本と好戦政治家と職業軍人のトップの軍閥である。今のアメリカも大資本が戦争を好んでいる。戦争をやれば儲かる階層がたくさんいるし、経済全体から見ても一見活性化する。そういう都合がまずひとつある。それからイラク戦争のように石油をねらうという戦争がある。

またアメリカは、「民主主義」という言葉を掲げているが、自分たちの嫌いな政権、対立する国々には徹底して対決する。とくに昔から社会主義、共産主義が敵だったので、戦争で連合国としてドイツや日本に立ちむかう必要がなくなると、社会主義の国と対決するための準備をしていた。いずれにしても、そういう打算があるからこそ、戦争がある。

そうすると弱い者は災難である。前線にやられたり、罪もないのに空襲にあって死んだり、強い者だけはうまく儲けたり、生き残ったりする。戦争というのはそういうものだ。いくら正義という名前を掲げても、国を守るためとか、平和のための戦争とか言うが、そのようなものがあるわけがない。戦争自体が悪であり、その悪の戦争に、いやいやながら引っ張り出されるのが徴兵である。

この戦争は勝ち目のない戦争だと分かっているのだから、じゃあ召集から逃げたらいいではないかと言う人もいるが、徴兵制度というのは、そんな生やさしいものではない。逃げれば捕まって、銃殺か投獄だ。逃げるに逃げられない。

当時の学生が、勉強している本やペンを抛(ほお)って、武器をとって戦争に行くときの心境は人さまざまだが、戦争絶対反対という強い意志を持った人は、「自分は殺されに行く。極力、軍隊の命令には従うまい。なんとかサボろう。できる範囲で反抗しよう」というような、戦争には絶対協力しないという姿勢をもって応召した人もいる。そういう人は相当しっかりした信念と頭脳をもった意志の強い人、尊敬に値する人だと思う。

私のような凡人は、「どうせ死ぬのならば、いさぎよく死のう」と思いこんでいた。「まず前線に出て敵を防ぐというのが、屈強な若者の務めじゃないか。若者が逃げたら、男が立たないではないか」と、そういう考え方で戦争に行かざるをえなかった。

当時、戦争に行きたくないと言う者は、非国民とされた。

「お前は日本人ではない、敵を利する卑怯者だ、非国民、国賊だ」と家族を含めて罵られた。だから戦争に行かざるをえない状態だった。

行くからには皆でおだててくれる。あの頃、圧倒的に大勢の人が歌った歌の中に、「わが大君に召されたる命栄えあるあさぼらけ」というのがあった。天皇に召された命だからこんな名誉なことはない。それで「いざ行け強者　日本男児」と締めくくる。こうやって煽てられ日の丸を振られて、内心は泣く泣く、しかし表面はニコニコ笑いながら「頑張ります。生きて帰りません」などと言って勇ましく装って出征した。

これが徴兵の姿だった。何のために行くのか。本当に国のために行くのか……。天皇のために行くのか。

今、国民が見過ごして放っておいたら、再び日本が戦争する国になってしまう。戦争する国になるということは、遅かれ早かれ徴兵制になる。徴兵は避けられなくなり、子どもたちもいずれは兵隊にとられる。もし幸いにも、今の若い人の時代に戦争が起きなくても、その子どもや親族の中の若い人たちが、また行く。私から見れば孫が行くだろう。

だからなんとしてでも戦争にはやりたくない。

第二章　学生に戻って激動の時代を生き、闘う

静岡高校に復学し、寮委員長に

私はかろうじて戦争から帰って静岡高校に戻った。やっと生きて帰ってきた。ようやくまた勉強が始まるんだという喜びでいっぱいだった。生きて帰ってきたということにすべてがあった。戦争が終わって帰ってきたときは、まだ思想が熟していない。当時は、戦争に対する鋭い批判とかというものはまだない。ようするに思想が混乱している時期であった。

それまでは軍隊教育を受けていたのが、とにかく今までの教育と百八十度違う時代になってしまった。むしろ、日本人があまりに早く転換しすぎるのを浅ましいと思ったぐらいだ。昨日まで偉そうなことを言っていた指導者が、急に「いやー、私はもともと、内心戦争には反対だったんだ」とか何とか、いろいろなことを言う。とくにインテリだ。大学の先生であれ高等学校の先生であれ、そういう知識階級の人たちが急に手の平を返してしまった。それに対して、むしろ反発を感じるくらいだった。

振り返ってみれば、大学に入った頃からようやく自分が変わっていった。高等学校を卒業するまでは、どちらかというと新しい思想に飛びつくという気になれなかった。

学校に戻ると、歳がずっと下の人たちと同じクラスになった。ただでさえ遅れて入って、学徒出陣で戦争に行って、また二年遅れて帰ってきたから、他の連中と四つぐらい歳が違う。一番若い早生まれの人とは、六つぐらい離れている。それが同じクラスで一緒にいる。上級生も後から入学した人たちで、彼らからすると、私は随分年長というだけでなく、海軍帰りの、過去からやってきた男という得体の知れないところもあったのであろう。お互いにちょっと遠慮がちであったが、じきに皆から一目置かれるようになった。

旧制静岡高校に復学した頃の筆者
（1946年4月）

旧制静岡高校には仰秀寮という学生寮があった。一九四六年の二月に復学してしばらくすると仰秀寮に入れてもらった。仰秀寮は自治、学生管理が復活していた。五月には仰秀寮の中の魁寮の住人となった。私は最年長で戦場帰りということで、少し威張りくさっていたものだから、寮の委員長にされてしまった。私は私で、寮の委員長をやって、どちらかというと古い昔の高等

右・旧制浦和高校との対抗戦で、応援団長同士の握手（右が筆者）
上・復活させた寮祭ファイアロンド

学校をもう一度取り戻そうという気持ちだった。秋には寮祭を開き、寮生劇や飾りつけもやり、魁寮の「ダンス・グロ」という髑髏(どくろ)踊りが喝采を博した。街頭ストームも派手にやり、運動場でのファイアロンドに興じた。翌一九四七年五月には、水泳や野球など伝統であった浦和高校との対抗戦を復活させ、駅頭に浦高選手・応援団の大軍を迎え、校庭で両軍対峙する中で、先方の応援団長と私とが歩み寄り挨拶の握手を交したが、このときほど照れたことはなかった。三、四秒に一つ響く太鼓に合わせて一歩ずつ前進するのだが、握手を終って自軍のほうへ一歩ずつ帰るときは目をどこに向けてよいか迷った。

ようするに、軍国主義も含めていっさい捨て去って、と言っても、決して左翼思想ではなく、昔の古い高等学校に戻そうというくらいの気持ちで三年の卒業までいった。

静岡軍政部看板事件

私が寮委員長をやっているときに起きた大事件が、「静岡軍政部看板事件」だった。一九四七年は、入試は通常どおり春に行われ、合格者も発表されていたが、入学は半年延ばされ九月とされた。ちょうど新入生を迎えた頃のこと、寮生の大変な蛮風が吹き起り、学校当局と警察の肝を潰した。九月とはいえ、厳しい残暑が続いていた十三日の深夜、仰秀寮の寮生で水泳部の三人が、寝苦しさにたまらず夜の散歩に出かけた。そのついでに、市内の建物から三枚の看板をはがして寮に運んできたのが事の発端だった。それが、表札や看板をはがしてきて願をかけると成就するという「看板はがし」のためか、はたまた水泳部の練習用ビート板に格好の板だったからちょっと失敬したのかは、ご本人たちもさだかでないようだ。当の本人たち、鈴木昭夫君・寺岡義之君・岡田新一君連名の回想記が静高同窓会誌にあるので、そこから少し長いが引用しよう。

「私は……仰秀寮不二寮第十室の住人となった。記憶はさだかではないが、九月七日頃のことと思う。……正面門柱には、不謹慎をかえりみず言うならば、ビート板としてはまさにこれしかないと思えるほど手頃な、「静岡軍政部」の標札がかかっていたのである。われわれは、すでに静陵高女で頂戴した物に加え、この物を失敬しない手はないという心境に立ち至っていたようだ。この誘惑を抑えることは出来なかった。この二枚のほかに更にもう一枚失敬し、まちがいなく三枚を持ち帰った。……足取りも軽く帰寮、第九室押入れの一隅に丁寧に安置し、われわれは安らかな眠りに入ったのである。

学校の授業が開始されるメドは、なかなかつかなかったような気がする。休校を理由に、岡田・寺岡の御両人は東京へ、私は伊豆へと帰った次第である。

……われわれが今この事件を通じて、心に深く刻み込んで忘れられないのは、この事件の後始末で発揮された、先輩の方々の勇断である。とりわけ仰秀寮委員長として、当局との折衝にあたられた土屋公献先輩には何とお礼を申し上げてよいのか言葉もない。

われわれは、この事件の後始末をつけなければならないときになって、すでに当事者の立場を失っていた。われわれが静岡を留守にしている間に、事は思わぬ方向に走り出していた。事が事だけに警察当局が、ひそかに動き出していたのである。静高生の下宿には、軒並みに捜査の手が入り、寮にもそれが及んだ。委員長は、寮は自治を建前としている点を強調され、主体性をもって処理するからと、警察の介入を斥けられた。

……当時の世相からすれば、反米思想にもとづくいやがらせと言われても抗弁の余地は少なく、強制労働何年と言われても致し方ないような情況であったろう。委員長は余り多くを物語られないので、知るよしもないのであるが、われわれ事件の当事者が知らない水面下で、事の解決のため、なお多くの難関があったことは、充分推測できるのである。（鈴木）」

当事者が不在の間に、静岡米軍政部が反米事件の疑いをもって大々的な捜査に動き出した。そうして学校内の捜索に来て、学生寮にも立ち入ると言ってきた。当時、生徒を取り締まる生徒監をしていたH教授が寮を捜索してよいと言った。H教授は、戦争中に軍隊に相当協力した人だったが、それが敗戦後には進駐軍に迎合していた。

ＭＰは八人の警官を引きつれて寮を捜索しようとした。そのとき、私は寮委員長として、寮の玄関で頑張ってしまった。ＭＰに面と向かって、「ここは自治寮です。自治寮だから、学校当局がなんと言おうと、そう簡単に入ってもらっては困る」と突っぱねた。するとＭＰも大分話が分かって、寮に立ち入ることをやめた。警察官は外側で寮の周りをぐるぐる回って、裏口から覗いたりしていたが、とうとう見つからず仕舞いだった。それもそのはずで、寮に家宅捜索に来るというので、早速自ら寮内を探したら、張本人たちの部屋から発見され、その直後、私の指示で風呂の薪として全部燃やしてしまった。いわば証拠隠滅罪に当たるが、学校当局からは、占領政策に背いた廉で当事者は重労働十五年に処せられると伝えられていたので、かえって一か八か勝負に出たのだった。建物の周囲を警察官が巡り廻っているという無気味この上ない中で、炉にくべるのは一苦労であった。

今の弁護士の立場からすると褒められたことではないが、当時は米軍に対する反対行為や妨害行為は軍事法廷にかけられ、簡単に重労働の刑が科せられていたので、寮生をぜひとも守らなければならなかった。

私は三君の回想記に付記として次のように書いた。

「『犯人』らが判明してからも、容易にこれを当局に伝えず、捜査側の様子の変化を確かめながら生徒課の先生と交渉した。先生方は手を焼かれた。

警察部長が一高出の人で、次席検事ともども軍政部の大佐に高校生の伝統的いたずらである旨力説し、稲村松雄先生も通訳と交渉とに骨を折って下さったので助かった。赦免の見通しがついてから三人の名を明らかにした。解決までの期間は寺岡君の言うように短くはなく、一週間か十日間はかかった。

結果から見れば、はじめから素直に現物を提出し、三人が判明したら直ぐに名乗り出させるべきであったかもしれないが、はじめの物々しいスタートですっかり畏縮し、逆に腹を据えて居直ったというのが偽らざる心境であった。

お蔭で寮務部長の斎藤久雄先生にはとんだ御迷惑をおかけしてしまった。

三名に対する処分は、先ず仰秀寮として、雨天体操場に掲示を出し、寮生活の秩序を乱したとして三名にいずれも謹慎七日間を命ずる旨発表した。そして学校当局はその翌日同じく雨天体操場に、岡田に十日間、鈴木・寺岡に五日間の謹慎を命ずる旨公示した。

寮生全体の自粛を促すべきだとの学校側からの指示を率直に受け、集会を開いて私が一席弁じたところ、二、三の寮生から、委員長自身の平素の姿勢も問題だと言われ、一言もなかった次第である」

寺岡君は、次のように書いている。

「……そもそも『看板はがし』は昔から大願成就のためと先輩から聞いてはいたが、我々の動機は『水泳練習用』という他愛ないものであった。

……翌月曜早々、土屋委員長同行で寮務部長斎藤教授、大室校長を訪れ陳謝し、続いて県庁内の中川県警察部長のところへ出頭、叱責訓戒を受けた。……」

岡田君の回想では、

「新人の鈴木、寺岡諸君を従えて街へ出たついでに、でっかいものを失敬しよう……と言うことになった次第である。当時、国民にとって米軍は甚だ大きな存在であった。その米軍官舎の看板が目の前にあったわけで、これを三人で失敬した。

高校生の慣習を知らない米軍が反米分子の仕業であると追及したのは当然であった。厳しい検挙を警察に指示する。当時の静岡地方検察庁次席検事の司波実は、高校生の悪戯と見抜いていたから、矛先は静高仰秀寮に向けられた。

そこで、検察対自治寮の厳しい対応があったわけだが、その対応の中で委員長土屋公献以下委員諸兄の活動は急かつ沈着、一歩も相手を寮内へ入れず、見事自治を守ったのである。小生等三人は当事者であったから専ら部屋に蟄居して諸兄の活躍を見守るばかり、内心忸怩たるものがあり、また学ぶべき事がおおくあった」

岡田新一君は最高裁、警視庁、東大病院等の設計で有名な建築家で現在も親交がある。

教授追放決議をひっくり返す

十月には静高で、戦争中に軍隊に協力した教授をパージしようという学生運動が起きた。生徒大会を開いて、軍隊に協力した教授を追放しようじゃないかという決議をした。当時、すでに静高でも共産党の勢力が盛んで、正森成二、斉藤浩二たちがいた。彼らが先頭に立って、そういった教授達を追放しろという主張をした。そして、学生監をしていたH教授とあと二人、O教授とI教授の三人がやり玉にあげられ、生徒大会で追放決議がなされた。

それらの教授たちは、すでに自ら辞表を出していた。私は、自分で辞めていくんだから、もういいのではないかという考えだった。それなのに追放決議をした。何しろ、向こうには結構演説が上手いのがいて、東大からも応援に来た。けれど、いわば一事不再理の原則を無視して、私は「せっかく向こうを向いて校門から出ていこうとしている人を、後ろから生徒がさらに蹴飛ばすなんて、そんな失礼な話はないだろう」と演説をした。そうして再度採決をさせて、決議をひっくり返してしまった。

東大に進学

一九四八（昭和二三）年の春、高等学校を卒業して東京大学の法学部に入った。このときの東大総長は南原繁先生で、国際法学者の横田喜三郎先生が法学部長だった。私が大学に入ったとき、一九四三年に一緒に静岡高等学校に入った連中は、ちょうどすれちがいに大学を卒業していき、私はこれから入学式だった。入学したての頃は「真面目」な学生だった。

一年生のとき、宮沢俊義という憲法の先生に出会って憲法を教わった。宮沢さんの憲法講義には真面目に全部出た。宮沢さんの講義は、冗談交じりで話し方がうまく面白かった。それで楽しいから出ていたので、憲法の成績は優だった。やはり、講義に出てノートを取って答案を書けば、いい成績が取れる。

その時期というのは、明治憲法が廃止され、今の憲法が出て来たときだった。個人的に自宅を訪ねるとか、そういう関係ではなかったが、講義が終わって宮沢先生が教室を出るとき、追っかけていって質問をすると、教室での話よりはるかに熱心に、憲法九条について、戦争の放棄を明確に規定した第一項、そして第二項で陸海軍の兵を持たない、交戦権を認めないと規定していることを評価していた。宮沢先生は、教室で一通りちゃんと講義をするけれど、九条の意義についてさほど力説はしなかった。それが個人的に直接聞くと、「理想主義的すぎるという批判もあるけれども、これがなければ、まさにこれからの日本はやっていけない」と言って大変に熱弁をふるった。

そして先生は、「世界に誇るべきもの、世界史的に意義があるものだ。いずれ世界各国の憲法が、このように日本の憲法を真似てもらいたい」とえらく熱心に説いていた。九条一項は、国連憲章にもあってほとんど同じだが、二項に規定しているようなものは無い。だから私も、絶対これは面白い、非常に有意義だと思うようになった。当時の憲法学者には批判する人もいたとは思うが、宮沢さんは立派であった。

授業に出たのは、宮沢さんの憲法のほかは、古畑種基先生。古畑さんは法医学で、重大事件の鑑定をしている。下山事件では死後轢断の鑑定をして、「今は詳しいことは言えないが十年後には明らかにする」と言っておられた。民法では、来栖三郎、我妻栄さんの民法講義もときどきは聞いた。来栖三郎さんの講義は面白かった。言葉遣いもすごく丁寧で、「私などがこんなこと言うとおこがましくて申し訳ないのですが」というような調子で話す。すごいところは、民法の講義なのに、試験には「恋愛と結婚」という出題をする。それについて法律学的に何か展開せよという問題だった。答えは何を書いたか忘れてしまったけれど、やはり多少法律的な考え方に基づいた作文だから、どんなことを考えて書いて出したのだったか……。

経済学では、前田長五郎という先生が、経済原論をやっていた。民法は、我妻栄、来栖三郎のほか川島武宜という先生がいた。それと刑法は木村亀二さんが東北大学から出張講師で、一週間続けて集中講義で刑法総論をやって、しばらくたってから各論を一週間でやるといったふうだった。

ほかの講義は、書物は書くけれども、講義を聴いていても、ぼそぼそとしゃべるという感じで、少しも上手くない。去年のノートを持って来て同じところを読んでいるといった講義は、授業に出てもしょうがないという感じだった。それでも大学一年のときは割合とおとなしかったので、講義にも出ていたが、二年生になって学生運動に入ると、講義にはほとんど出なくなってしまった。

学生大会強行　首謀の一人として停学処分

私は、入学すると、緑会という法学部の学生自治会の委員になった。

私が入ったときは、国立大学の授業料が値上げされるというので、授業料値上げ反対闘争が起きていた。あの頃は、一年間の授業料が千八百円だったと記憶している。それを相当大幅に上げるというので、入学したとたんに授業料値上げ反対のストライキ闘争があった。そのときはまだ、私は組織にも入っていないし、どちらかというと傍観者的だった。

それが、入った年の翌年からちょっと暴れだした。そのときにちょうど大学法反対で、全学連のもとで全国ストを行った。

当時の大学の管理体制はとても古い体質で、戦後の民主主義に合わないものだった。とくに東大医学部というのは非常に封建的で、看護婦さんを低い身分としていて人間扱いしていない。看護婦さんがハンガーストライキなどで闘い、学生たちもそれに同調していった。それがきっかけとなって、学内の旧態依然とした管理体制に対して、学生が抵抗する学内紛争が起った。

これに対して、政府・文部省は、古い体質の上に大学の管理を強めようと、一九四八年の六月には大学理事会法案というのを出してきた。この大学理事会法に反対する全国ストライキが六月に起こった。九月には全学連（全日本学生自治会総連合）の結成大会が開かれ、東大生の武井昭夫が委員長になった。

大学理事会法案は引っ込められたが、一九四九年になると、今度は大学法が出されてきた。そこで全学連は、大学法反対の全国学生統一ストライキの方針を発した。東大でも、全学部でストライキをしようと、各学部の学生大会を開くことになった。東大本郷の法文経二十五番教室は何百人という数の学生が入れるので、法学部の学生大会はこの教室でしょっちゅう行った。学生大会をやるのにも、教室の無断使用は許されていない。届けを出して許可を得ないと、どの教室でも使うことはできない。

休み時間であれば、演壇で勝手に演説しても問題はない。私もたまには教室にいる学生に向かって演説をした。ところが、学生大会として、議長が出てそこにいる学生全体で議事をやるとなると、教室を占拠することになる。大学の管理規則では、それを無届け、無許可でやってはいけないことになっていた。

ところが届けを出して許可されるのならいいが、届出を出しても法学部の横田学部長が許可をしな

東大新聞第13号（1949年6月8日）

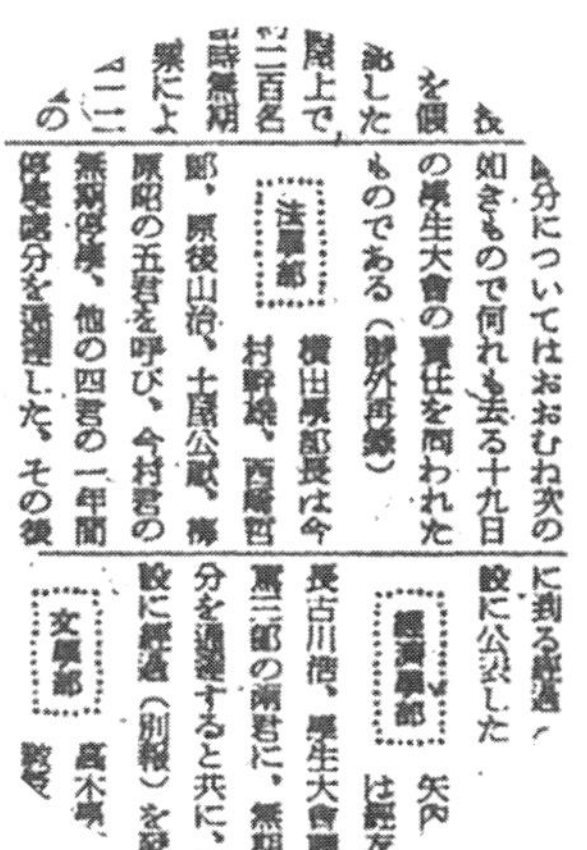

停学処分を報じる東大新聞（上）と朝日新聞（右）（1949年6月2日）

処分反対の学内集会（1949年6月6日　東大構内）

い。横田さんという人は、本当は自由主義者なのだが、どちらかというと戦争中もアメリカイズムであった。彼は、アメリカ占領軍や、あるいはその下請けで政治をやっている日本政府に逆らうことを極度に恐れた。学生がアメリカ批判をしたり、ストライキをやったりすることをなんとか抑えなくてはいけない。だから「教室を貸しません」と言う。

教室を使えなければ学生大会はできない。結局、大学の教室使用許可が得られないまま、学生大会の開催を強行せざるをえなかった。

昼休みに「ただいまから学生大会をやります」と学生大会を開いて、ストライキ決議を採ろうとした。十二時から休みが始まり、一時には授業が始まる。そこで十二時四十分くらいまでに採決すればよかったのが、十二時五十五分くらいになった。

そうすると、授業に出る学生たちが入って来た。そこで「賛成の方は手を挙げてください」と言ったら、後から来た人は何が何だか分からない。それに授業を受けるために入ってくるような真面目な学生なので、ストライキは大嫌いときている。彼らが反対のほうに手を挙げたので、このときはわずかに反対が賛成を上まわり、惜しくもストライキ決議は成立しなかった。ただし当時の東大新聞によると、五月十九日から二十四日まで、文学部、法学部、理学部がストライキを行い、農学部は二十四日だけの一日ストを行ったと報じられている。

この学生大会とストライキに対して、東大当局は、それにかかわった学生の処分を五月三十日と三十一日の二日間の評議会で決定して六月一日に発表した。法学部では五人が首謀者として停学処分にされた。今村幹雄が一人無期停学で、私をふくめて四人（原後山治、西崎哲郎、梅原昭、土屋公献）が停学一年だった。当時は学生大会の議長は半年間の任期で常任であった。本来は、正式に選ばれた学生大会議長がいた。それは共産党員の正森成二であったが、肺結核を患って実家に帰って療養中であった。そのため臨時で今村が議長として選出されたのだった。実際に議長をやった今村は一番重い無期停学の処分を受けた。東大全学では二十人の学生が処分された。このように大規模な処分だったので、東大新聞だけでなく全国紙各紙に大きく報じられた。

処分を受けると、停学の一年の間は東大の学生としては何もできない。大学の中には入ってはいけない、大学の門をくぐってもいけない。そういうことで、自宅で日本画を習ったり、本を読んだりという生活を一年やった。

東大新聞によると、実は、学年末試験を前にして、東大評議員会は、一斉処分から一年経っていない一九五〇年の二月一日付けで、文学部で処分された七人と理学部の処分者一人を、「改悛の情顕著なりと認め、特に停学処分を解除する」と発表した。そこで、法学部緑会委員会が、横田法学部長に、法学部の五人の処分解除を申し入れた。横田法学部長は、「法学部の場合、他学部より罪が重く、処分以来、教授側とも会っていないので、反省の様子についての具体的なデータがない。今学期中に解除することはできない」と自治会側の申し入れを拒否したと報じている(東京大学学生新聞第三七号・五〇年二月六日付)。

五人の中には横田喜三郎法学部長に頭を下げて立派な会社に就職できた人もいたが、私は頭を下げないまま一年経って大威張りで大学に戻った。そして性懲りもなく学生大会の議長に立候補した。大学側からいえば、停学処分の効果はなく、全然反省してない。停学にされたためにふてくされてしまったというか、居直ってしまったというか……、かえっていっそう尖鋭的になって、今度は正式に選出された学生大会議長になった。私について言えば、処分の懲罰的効果はまったくなかった。

学生の中でもっと偉い頭脳のいい人たちは、いろいろ指令は出すけれども、われわれは、使い走りのような仕事をする。学生大会の議長といっても、別に偉いわけではない。ただ目立つ存在だった。学生大会議長は任期が半年なので、半年経ってまたもう一回立候補して、通算一年間議長をやり、その間、いろいろな決議を行った。

余談になるが、学生大会の議長をしていて忘れられないのは、丸山真男さんのことだ。彼はその頃

嵐呼ぶ學生請願運動

米国務省顧問ダレス、統合参謀本部議長ブラッドレー、国防長官ルイス・ジョンソン各氏の来朝は対日講和問題に重大な一石を投ずるものとして各界の関心を集めているが、全学連では別項のような請願文を発表、中央執行委員が三氏に提出することとなった、これに呼應して、東大自治会を始めとする都下大学高専学生および全学連傘下の全国の自治会では二十二日を期して集会、デモ等の請願運動を行った、一方国警本部では十七日全国のデモ集会を禁じ、本富士署では東大中央委員会に対して早くも請願文の掲示撤回を要求しており、その成行は注目される

遂に官憲見送り

盛会の東大二十八番教室

議長に土屋君

総会議案17日に開票

反戰学同統一へ

都下各大学の動き

学生大会議長選出の記事（東大学生新聞第50号1950年6月22日付）

助教授で、学生の間でかなり人気があった。私が彼について一つだけ癪に障るのは、処分を受けた学生大会とは別の、私が議長として開いた学生大会で、ストライキに近いことをやろうとしたときだったと思うが、丸山さんが呼ばれてきた。ストライキに反対の連中が彼を呼んだのだった。

丸山さんは、「諸君の言ってることはみんな正しい。まったく正しいということは私も認める。しかし、教授陣の中には君たちと正反対の意見を持つ人がいる。もし、ここで君たちが決議を通してしまうと、教授陣がそれに対して猛烈に反対するだろう。そうすると、大学が二つに分かれるようになってしまう。大学の考え方が二分されることは非常に困る。それだけはやらないでくれ」と演説した。丸山さんはアイドル的な存在だったので、これを聞くと、学生たちは「そうだ！　そうだ！」と言って、一も二もなく丸山さんに傾いて、ストライキに反対してしまった。

丸山真男という人は、思想自体は立派なのだけれど、ああいう場面になると、そのようなことを言って、自分の人気を利用して、大勢の学生を獲得してしまった。

それでこちらの言っていることが浮いてしまって、提案が通らず地団駄踏んで悔しがった。学生の考え方を「正しい」と評価したのなら、それに反対する教授を丸山さん自ら説得してくれるべきではないか。それなのに、正しいほうを抑えてしまうとは……。あの演説にだけは、「あの丸山が……」と随分と不満に思った。あの人は悪い人だとか、そういう気持ちは決してないが、そのときの悔しさは未だに残っている。弁護士会や労働組合でもこういう中和論がよく用いられる。中和ではなく、一方的譲歩なのだ。

学生運動に全力を注ぐ

当時の学生運動は、実際のところ真剣そのものであった。学生運動をするグループに反感を持っている連中もいた。保守的な学生がけっこういて、学生大会の中でも有力な反対論を展開した。そういう連中は、後に官僚になったり大企業に入ったりした。東大には新人会という組織があって、戦争前の新人会というのはそれこそ左翼の集まりだったが、戦後の新人会というのはどちらかというと保守的な人たちが多くて、その有力なメンバーは、いろいろ憎らしいような反対論をやる。それでもあの処分を受けた学生大会のときには、時間の配分さえ間違えなければ、相当な差がついて勝てるはずだった。それを今でも残念に思っている。

アジテーションの用語としては、はじめは「アメリカ帝国主義」というような言葉は使われていなかった。「アメリカ帝国主義」というのが意識されるのは、一九四九（昭和二四）年、朝鮮戦争の始まる前の年ころからだった。アメリカが、ソビエトとの戦争の準備を始めている。そのために、日本をアメリカの前線基地にしておけば、いつでも有利な戦争ができる。アメリカがそういう戦略を立てて、それが見え見えになってくるにしたがって、アメリカ帝国主義という言葉を頻繁に使うようになっていった。

そのときには勇ましい反戦の歌が次々と出てきて、それをみんな大声で歌っていた。中尾さんというアコーディオンが上手な女子学生がいた。反戦の歌の「再びブルジョワは、戦争の放火狙う、抗し立つ幾億の無敵平和の戦士」というのを、彼女が弾くアコーディオンに合わせて歌った。それからインターナショナルの歌、国際学連の歌などがあって、大学構内に大きな歌声が響いていた。また、ロシア民謡の「カチューシャ」とか、「仕事の歌」とか、闘争的でない普通の歌も唱っていた。あの頃は大体ソビエトをあまり悪く言わない時代だった。「バイカル湖のほとり」という歌もあった。学生生活というのはけっこう活発であったが、私は学生運動のほうが忙しかったのでサークルには入っていなかったし、あまり授業にも出なかった。

私はマルクス主義についてもそれほど深入りしたわけではなく、パンフレット的な知識以上には深入りせず、本格的に資本論を読むとかという理論派ではなかった。早く言えば行動派。良く言えば、血の気があって正義感が強いという程度のことだから、本格的なマルキシストの指導者ではない。

あるとき「トンジョ」（東女・東京女子大）へオルグに行ったことがあった。私はあまりオルグが上手くないものだから、東女の活動家に軽くあしらわれていた感じだった。印刷物、パンフレットを持って行って買わせようとした。またビラを何百枚か持っていって、印刷の実費がこれだけかかってるから、その費用だけは払ってもらいたいと言った。しかし、彼女たちはその場では払ってくれなかったし、その後もいつまでも誰も金を持ってこない。二週間ぐらい経って、東女の主だった女子学生たちが東大に来たとき、ビラを渡した女子学生に会って、「この間のビラの印刷代はどうした」と聞いたら、ヘラヘラ笑われて、そのままになってしまった。

オルグ力というか、組織化の能力が不足していたということだろう。それよりも、学生大会とか、そういうときには前面に立って、いろいろ働かされるほうが性に合っていたということだろうか。私は決してリーダーというのではなく、いわば一兵卒だった。共産党の東大細胞には、中央指導部というのがあって、その委員数名が細胞を握り指導していた。私らはいろいろな仕事をした。私は絵がうまいからポスターの絵を描いたり、ビラ配りをしたり、たまに教室で五分ぐらいの演説をやったり、そうした現場の活動をやっていた。

当時の学生運動の指導者では、全学連委員長の武井昭夫などはあまり好きではなかったので、ほとんどつき合いがなかったが、ただ、安東仁兵衛とは親交があった。安東は水戸高等学校出身で、一九四八年東大入学の同期でもあり、理論家であったが人柄も面白く、本当に人気があった。

学生運動の中で警察とのやりあいは相当激しかった。警官隊との衝突はあっちでもこっちでもあった。東大の正門では、鉄の門を挟んで警官隊とやり合う。学生が中から一生懸命押して扉を押せば閉じるし、警官隊が押しかえしてこっちがやられると開く。その押し合いへし合いの攻防のとき、学生は警察官をみんな犬扱いにして、「こら、犬ども！」とかなんとか言う。私はそれを聞いて、あんまり感心しなかった。

デモ行進は、当時も今もあまり好きではない。やむにやまれないときは出て、大体、先頭の真ん中に立つけれども、シュプレヒコールが長すぎる。ああいうときは、例えば「正しい判決を出せー！」と短くていい。リーダーが長いものをやっても、最後の「出せー！」という一言だけを元気よく合唱すればそれでよい。それをうにゃうにゃとやっているのはあまり感心しない。

下山・三鷹・松川事件

ストライキのために学生大会を無許可で強行したことで停学処分を受けた大学二年のとき、一九四九年という年は、下山事件、三鷹事件、松川事件といった重大な事件が次々と起きた。これらの事件は皆米進駐軍がやったことだと私は思う。とくに松川事件では「大男」が何人か現場で動いていたという目撃がある。「大男」というのは米進駐軍であった。

政府や警察は、松川事件は共産党がやったと言っているが、私は、実はあれは反動勢力がやったに違いないと当時感じていた。かつて、ナチス・ドイツの時代に、国会議事堂の放火事件というのをヒットラーが仕掛けたが、それと同じようなことが起こされた。

私は三鷹事件の絵を描いたのを今でも憶えている。ヒットラーが松明で――松明など使うわけはないのだけれど――象徴的に国会議事堂に火をつけている姿を描いた。それを枠にはめてプラカードにして、上野の松坂屋の側で、三鷹事件の真相はこうだとか言って街頭演説をやった。

三鷹事件というのは、一九四九年七月十五日に国鉄（現ＪＲ）中央本線の三鷹駅構内で起きた無人列車暴走事件で、事件発生の直後には、吉田茂首相が早々と「定員法による馘首がもたらした社会不安は、主として共産主義者の煽動による」との声明を発した。そして警察当局は、国鉄労組内の共産党員二十人近くを次々と逮捕していき、国労組合員の九人の共産党員と一人の非共産党員が起訴された。

三鷹事件の一審判決は、その翌年の一九五〇年の十二月頃に出ている。私は公判の傍聴に行っていた。鈴木忠五という人が裁判長だったが大変に厳格だった。傍聴席が何か発言したりするとすごく怒る。弁護人たちが発言に立つとけっこういろいろ規制して、非常に厳しい訴訟指揮だった。けれども判決公判では、非党員の竹内景介被告に無期懲役を、他の九人には無罪を言い渡すという思いがけな

国鉄三鷹駅で暴走脱線した電車（三鷹事件　1949 年 7 月 15 日）

い判決をした。吉田内閣が宣伝し、警察当局が描いていたでっち上げの構図、共産党の組織的犯罪という「空中楼閣」は崩された。鈴木さんは後に弁護士になってから、丸正事件の弁護を正木ひろし弁護士と二人で行ったりしている。

私は共産党に一九四九年ぐらいに入って、卒業のちょっと前までいた。その間に共産党もおかしくなってしまった。その頃、一九五〇年にコミンフォルムが日本共産党の批判をして、この批判をめぐって主流派（所感派）と国際派とに分裂してしまった。

東大細胞の大半は国際派で、東大の中で主流派に残ったのはあまりいない。例外として、学生大会の議長であった正森成二は、通算すると六年間、大阪の実家で療養していたことから、国際派でもなければ主流派でもなく、活動もしていないので、そのまま共産党に残った。正森は後に国会議員として活躍し有名になった。

結局のところ、東大細胞のほとんど全員が所感派の共産党本部から集団除名された。正直に言うと、私は集団除名されてほっとした。

東大細胞は、集団除名されたけれど、国際派の組織として残った。ところがそのうちに、非常によく活動していた人が「あいつは実はスパイなんだ」ということになる。それでその彼を軟禁して、いちいち詰問して締め付ける。数名の委員が、有力なリーダーの一人を、「貴様スパイじゃないか」なんて言って追及したりする。そういうことについての報告集会なんかがあると、みんながお互いに疑心暗鬼で見るようになって、非常におかしな雰囲気になってしまった。こういう窮屈な、いたたまれないような組織の中にいるのは、嫌だなぁと思った。しかも段々、大学の地下室で秘密裏にそういう集会を開くようになる。堂々とやるのではなくて、文字どおり地下組織となって、近寄りにくくなった。それで、本当に嫌になってしまった。除名され共産党員でなくなったことに、ある種の解放感を感じた。それで、後にそういう組織からまったく抜けてしまった。しかし、あの頃暴れていた仲間たちは、八十歳を過ぎた今でも、毎年一月九日に「一・九会」という集まりを繰り返し持って、昔を懐かしんでいる。原後山治が主催で、堤清二君（辻井喬）も常連である。

朝鮮戦争とサンフランシスコ平和条約

その頃、朝鮮半島の情勢が大変に切迫してきた。朝鮮戦争は、一九五〇年の六月二十五日に発生した。日本では、先に実際の行動を起こしたのは北朝鮮軍で、彼らが三十八度線を越えてきたことから朝鮮戦争が始まったと言われている。しかし、朝鮮戦争がどのように始まったのかについては、実際のところはどっちがどうであったのか、今でも大いに疑問のままだ。

私の記憶に鮮明なのは、朝鮮戦争が始まるちょっと前に、ダレスが南朝鮮を訪問した。それと別にジョンソンとブラッドレーが来日した。それで、マッカーサーと四人で何か企んでいる、彼らが戦争を起こすんじゃないかという感じだった。

そして、実際に戦争が起きた。始まって間もなく、北朝鮮軍が一時は釜山のほうまで攻めてきた。ところが、アメリカが国連軍として参戦して巻き返していった。そのときに、マッカーサーは原爆の使用を口にした。結局、原爆までは使わなかったが、細菌爆弾（菌をもったハエを散布）を落としたと言われる。とにかく、何かそういうことをやったことは事実で、それに対して、中国が脅威に晒されて参戦した。そうして、激しい闘いが一年以上繰りひろげられ、一九五一年七月十日に停戦会談が始められ、五三年七月に停戦し、そして朝鮮戦争は休戦ということになった。けれども、その後何十年にわたって休戦状態が続いている。これは何とかして本当の講和条約を結んで、休戦でなく本当の終戦にする必要があると思う。そして南北朝鮮統一へ進めるべきであろう。

私は、ダレスら三人が来日したときに、ダレスとブラッドレーとジョンソンの似顔絵を漫画みたいにして書いた。青白く緑のような色で鬼みたいに人相の悪い顔に書いて、大学構内のアーケードに貼っ

朝鮮戦争の前線を視察するダレス（中央のスーツ姿）

た。すると本富士警察の警官が、これは誰が書いたんだと嗅ぎまわった。しかし、警察には誰も言わないし、私も黙っていた。

一九四八年の暮れには、一応東京裁判の判決が出され、一九五〇年に入ると対日講和が具体化してきて、全面講和か、単独講和かというのが大きな問題になっていった。

そのうちレッドパージの嵐が起こり、全学連が反レッドパージ闘争をやった。

一九五一年の五月に東北大で反イールズ闘争が起こった。「東北大はよくやってるなぁ」と思った。イールズは、全国の大学で反共産主義の講演をやる計画だった。東北大でもイールズ講演会が開かれようとしたが、それを東北大の学生が阻止した。これをきっかけに、反イールズ闘争は全国の大学に広がった。

東北大の闘争が五月二日にあって、その翌日の三日に、吉田茂首相が、全面講和を主張する南原繁東大総長を「曲学阿世の徒」と非難した。それに対し、南原さんが大変に怒った。

九月に、アメリカのサンフランシスコで対日講和会議が開かれ、サンフランシスコ平和条約の調印がされた。サンフランシスコ条約というのは、連合国の柱だった米・英・ソ・中のうち、アメリカとイギリスが中心の「講和条約」で、まさに単独講和、片面講和だった。ソ連はサンフランシスコの講和会議には呼ばれたが、講和条約の草案作成からは排除されたし、中国は呼ばれもしていない。そういう意味では、昨（二〇〇七）年四月二十七日の最高裁判決（中国人強制連行・西松建設裁判と中国人元「慰安婦」裁判）は、サンフランシスコ平和条約が戦後処理の枠組みなどと述べているが、いったいその時代の状況というのが分かっているのか、と言いたくなる。「もう、何言ってるんだ！」という感じだ。今の最高裁判事は、当時十歳そこそこの子どもだっただろうし、全然何も分かっていない。

そのときは、単独の講和条約も問題だけれども、むしろ日米安保で、米軍が駐留軍として全土に再配置されることになり、問題とされ、警察予備隊が保安隊になったりして、日本の再軍備が大きくな問題となっていた。サンフランシスコ講和のとき、アメリカは講和条約と日米安保条約とを抱き合わせにして出してきた。それで、講和条約もけしからんけど、安保条約はなおけしからんということだった。

その後、東大ポポロ事件（一九五二年二月二十日）が起きた。事件が起きたときは卒業試験を七科目受けなければならなかったので、そちらに係わる余裕はなかった。そのときはもう昭和で言えば二十七年になっていた。ポポロ事件で捕まり、被告とされたのは、一人は背の大きい福井駿平君と言ったか、もう一人が千田謙蔵君。この人は秋田県の横手の出身で、のちに横手市長になった。千田君は、ポポロ事件の裁判記録を含めて、事件の経緯を、自分の生い立ちから始めて本（『ポポロ事件全史』〔日本評論社、二〇〇八年〕）にして、最近出版した。そのあとがきを書いて欲しいと頼まれた。私はポポロ事件には関与していないが、千田君の書いたものを読んでいると、なかなかジーンとくるところがある。そのことを本の後書きに書いたりした。

東京裁判で戦犯を逃れた天皇

一九四六年五月三日、「東京裁判」が開廷された。戦勝国（連合国）からアメリカ・イギリス・ソ連・中国・フランス・オランダ・ニュージーランド・カナダ・オーストラリア・インド・フィリピンの参加が招請され、それぞれが裁判官・検察官を送って戦犯裁判を行う「極東国際軍事裁判所」条例がマッカーサー元帥によって布告され、「平和に対する罪」「通例の戦争犯罪」「人道に対する罪」という三つの大罪で裁かれた。

ドイツのニュールンベルク法廷は、米・英・ソ・仏四か国の裁判官の互選で裁判長を選び、また各国が別々に被告を訴追するのに比べて、東京法廷では裁判長も主席検察官もマッカーサー元帥が任命して、裁判が完全にマッカーサーの管轄下におかれた。

陸軍始観兵式で愛馬「白雪」に乗って観閲する昭和天皇
（1942 年 1 月 8 日　代々木練兵場）

いずれにせよ戦争責任者を裁く裁判であった。戦争責任者の一番の筆頭は昭和天皇というのが有力説だったのに、戦犯にはされなかった。日本人の大半が天皇制の下で教育を受け、天皇を神として敬うことが教育の基本だったので、まだ天皇を宗教的、神懸かり的というほど大事にしていた。

それで、天皇がもし処刑されることになったら、日本人はアメリカ占領軍に反抗するだろう。ゲリラ戦が続くかも知れない。だから占領政策を無難にやりとげるためには、まず天皇を奉っておいたほうが、日本人は言うことを聞くというので天皇制を残した。

また当時の政治指導者たちは、戦争が完全に負けているのに「天皇さえ生かしてくれれば、大抵の条件はのみます」という態度をとった。広島・長崎があのような犠牲になる前に、ポツダム宣言を受け入れればよかったのに、天皇が助かる条件にしがみついていたために、「降伏します」という言葉が出なかった。

そのために広島・長崎がやられ、あれだけの犠牲を払って、それ以上の引き延ばしはできないと、やっとそこでお手上げになった。しかもお手上げするときにも、天皇の言葉でもって戦争をやめにした。それほど天皇には指導力があった。少なくとも指導力があるとされて、軍隊に利用された。天皇がいかに大きな存在であったかということだ。

ドイツでは、ナチスのヒトラーを戦犯として、最もひどい罪人、最悪の象徴とした。ナチスほど悪いものはないというように、ナチスのやった歴史を振り返り、そのような雰囲気でドイツ国民自体が、ヒトラーを槍玉にあげて、ヒトラーを抹殺した。

日本はそれと正反対のことをやった。当時の日本のリーダーたちの天皇だけは救おうとする熱意とアメリカの占領政策とが一体となって、象徴という名の天皇が生き残ることになった。

東京裁判で天皇が戦犯とされなかったことは、後にいろいろな問題と結びついていった。たとえば、過去に中国や朝鮮で行った罪、フィリピン、インドネシアでやった罪。これらを省みて許しを乞うべきだった。しかしそれをやらないから、すごい軋轢(あつれき)が今でもある。国のトップとトップが手をつないだ格好で、経済協力をしたり、外交面では一見うまくやっているように見えるが、地上で暮らしている大勢の人たちとは、残念ながら決してしっくりしていない。

日本の中で「朝鮮なんか大嫌い」という者がいるように、朝鮮にも「日本は大嫌い」という人がいる。中国にも日本を恨む人がたくさんいる。それは日本が謝らないからだ。謝って償なう。歴史事実を認める。それを子孫に伝える。二度とこういうことはやらないと誓う。このようにきちんと清算し賠償することが必要だ。しかし、いまだにアジアを軽蔑していて反省しないのが日本の指導層の現状である。

マッカーサー三原則と新憲法

憲法が新しくなった。日本の憲法には、戦争の放棄と戦力（軍隊）の不所持が世界で初めて登場した。今の憲法の成り立ちからすると、確かにある部分によっては占領軍から押しつけられた点があることは事実だ。しかし、「押しつけられた」ということの意味をきちんと見る必要がある。とくに憲法九条二項は、アメリカの押しつけではなく、日本側が自発的に申し出たのである。

日本において平和的国家と民主主義の体制を実現するという連合国の日本占領の目的からすると、最初に国務大臣の松本丞治が中心になって作った案（「松本委員会草案」）は、「天皇は神聖にして侵すべからず」という旧憲法を「天皇は至高にして侵すべからず」と言い換えるなど、明治憲法にちょっと手を加えたものしか作れなかった。戦争放棄なんてまったく考えていない。ＧＨＱの考えていることとまったく違っていて、とてもじゃないが受け入れられるものではない。それで、じりじりしたマッカーサーは、「こんなんじゃしようがない」ということになった。

マッカーサーを訪問した吉田首相
（1948年10月9日）

たとえば、民間の人たちが、「天皇制をなくす。その代わり軍備は持つ」という憲法を用意していたものもある。もちろん基本的に民主主義、国民主権とかは当然あり、天皇制を廃止して、しかし軍備を持つというのは、ある意味でそのころ最も進歩的な民間の憲法草案と言える。これ以外にもずいぶんたくさんの憲法案が出てきた。大勢の日本人が、押しつけられたとか何とかではなくて、自ら憲法を用意していた。

ただ、政府が用意した「松本委員会草案」は問題にもされなかった。マッカーサーは、「松本委員会草案」が日本の民主化のために不十分で、日本国民の声を代表していないと判断したから、ＧＨＱの民政局に対して憲法草案を作成するよう命じた。そのとき三項目を憲法に欠くことのできないものとして示した。これがいわゆるマッカーサー三原則だ。

マッカーサーの考え方というのは、天皇を戦犯にしたくなかった。占領政策を失敗なくスムーズに実現するためには、天皇だけは助けて残しておきたいということだった。一九四五（昭和二〇）年十一月、米統合参謀本部から天皇の戦争責任に関して調査をしろという命令を受けたマッカーサーは、一九四六年一月二十五日付けの電報で、天皇の犯罪行為の証拠なしと報告した。しかし、その真意は、天皇の戦争犯罪の証拠がないというのではなく、もし天皇を戦犯として起訴すれば日本に大変な混乱が起きて、それを抑えるには占領軍の増員や民間人スタッフの大量派遣が長期間必要となる。だから天皇を戦犯として裁判にかけるのは避けるべきとしたのだ。

極東委員会は、日本の天皇制に対して鋭い批判を行った。それに対して、マッカーサーは、まず天皇を象徴みたいにして、そのころ盛んに言われた、天皇退位とか、天皇制廃止を避ける。他方では、戦争の絶対放棄をはっきりと規定するということを出してきた。すなわち自己の安全を保持するための手段としての戦争を含めて、すべての戦争を放棄することがマッカーサー三原則にあった。これが、憲法九条の一項となった。

そして、憲法九条一項を本当に貫くために、軍隊の不保持を規定した憲法九条二項は、前述したように、当時の幣原喜重郎首相の意見を取り入れたものだ。だから、九条二項は、マッカーサーに押しつけられたものではない。九条二項は、幣原さんが提示したので付け加えられたのだと、マッカーサー自身が一九五一年の五月にアメリカ議会上院で証言している。

それから身分制度、ようするに貴族・華族は一代限りで廃止するとした。貴族の中で皇室だけは残すが、他の華族だとかそういうものは一代でなくす。さらに貴族院は参議院にする。このように憲法は、日本人自らの手で相当な修正が加えられてできあがった。

サンフランシスコ平和条約調印後の日米安保条約締結をする日本の全権代表団
（中央は条約に調印する吉田茂首相　1951年9月8日）

新憲法については、共産党だけが反対した。なぜかと言うと、共産党は「天皇制は廃止を」と掲げ、「軍備を持て」ということを主張していた。その意味では少数の人は現憲法に反対したが、しかし、国民の大多数は大歓迎であり、当時の政府も結果的には大歓迎した経緯がある。

その当時、「自衛戦争ができないなんておかしいんじゃないか」と共産党の人たちが質問したのに対し、吉田茂首相を先頭にして、「そこがいいんですよ。どんな場合でも無抵抗が」というようなことを、政府側答弁として心の底から言った。「自衛戦争まで放棄した徹底した無抵抗主義」、これは世界史的な大変立派な、世界に誇る憲法であるとまで言っている。

宮沢俊義先生も、「徹底的な国際的無抵抗主義……これを実践する。これは世界に類のない規定である」と。清宮四郎さんも「この絶対的な戦争放棄は、まさに世界史的な意義を持つ」と言った。吉田茂首相も、「近年の戦争は多く自衛の名において戦われた」、「戦争は永久に放棄する」という正しい歴史認識のもとでの真剣な反省をしていた。

「五十年か六十年経てば戦争はやってもいい」というのだったら、「永久に」という言葉は使わないはずである。だから、こういう憲法ができあがって非常に喜んでいた。

それが、朝鮮戦争が始まった五〇年の七月には、「治安維持を目的とするものであって、軍隊ではない」というごまかしの説明をして、警察予備隊を作ってしまった。その翌年の一九五一年、吉田内閣は、日米安全保障条約で米軍基地を存続させ米軍の駐留を認めていることについて、「米国駐留軍は、わが国の保持する軍隊ではないから憲法九条の関するところではない」とした。一九五二年になると、内閣法制局の統一見解として、「戦力というのは近代戦争に役に立つ程度の装備や編成を持つものであって、日本の保安隊とか警備隊は、戦力にあたらない」とした。

このように、政府の憲法に対する解釈は、明確に「自衛戦争すらしない」と大いばりで言っていたものが、だんだんと、自衛権は自衛のための必要最小限度の実力行使をともなうと言うようになった。最近では、弾道弾による攻撃を防ぐためには、その弾道弾の基地を叩くことも、自衛のための戦いに入るという言い方にまで変節してしまっている。そして、岸信介内閣では、戦力の所持について、「政策としては核兵器は持たないけれども、核兵器と名のつくものはすべて憲法違反というわけにはいかない。それだけが正しい解釈ではありません」と言った。これは大問題となって、非核三原則で否定されてきたが、今日ではまた、核兵器を持っても憲法違反ではないと有力閣僚らが言うに至っている。

「憲法九条こそ生きる道」と叫んだ吉田茂首相

日本は戦争に負けて、戦争を行った過ちを反省して、憲法九条を持った。このような憲法を作ったのは、世界で日本が初めてだ。大学に入って講義を聞いた横田喜三郎さんや宮沢俊義さんが、それこそ熱意をこめて「これは誠に、これ以上の理想はない。これは世界史の中で誇るべき画期的規定だ」と絶賛していたことは、すでに述べた。そのとき大変感銘し、強く共感した私は、この立場に立って憲法を護り、世界に誇る理想を実現することを願って、これまでの生き方の基本としてきている。

当時、吉田茂首相は、さきの南原東大総長の質問に答えて「たとえ日本が攻められても、軍隊は持たない。武器は持たない。自衛さえできません。世界が見ています。日本が正しい道を歩むならば世界が見ている。決して日本が滅ぼされることもなければ、どこかの植民地にされることもない。絶対的に武器を捨てる。これこそが日本の生きる道だ」と、それこそ涙ぐましいほどに憲法九条の立場を貫こうとした。「攻められたときこそ軍隊を持つな！」これは物凄く強い迫力のある論理だった。

ところが今は「攻められたら仕方ない」とか、「攻められる前に、逆にこっちから攻めたほうがよい」とか、「アメリカの戦争に協力したほうが、日本は安全だ」とか、いとも簡単に憲法九条の見直し論がまかり通っている。これは誠に危険なことである。

戦争を体験もし、戦後の貧しい経済の中で食うや食わずの経験もした。当時は学生はまず生活するためにアルバイトをするのが当たり前の時代だった。そういうことを体験し、九条の意義を語る教授の熱弁に大いに共感して、二度と再び戦争をやってはいけないと誓った。どんな名目を付けようとも。

いま「大義なき戦争」というが、大義があろうとなかろうと、戦争はダメだ。大義など、くっつけようとすれば、いくらでもくっつけられる。現に「民主主義」という大義でもってアメリカはイラクで人を殺している。大義ある戦争であれ、大義なき戦争であれ、戦争は悪である。そこに徹しないと、つい迷いが出る。それがつくづく身にしみてきたからこそ、少しでも戦争に近い動きがあれば、それを敏感に察知して行動していくことが大切と思ってきた。

第三章　人生の大きな転機、司法試験と結婚と

とにかく卒業、高校教師となる

共産党本部からはまとめて除名され、国際派の組織からも結局抜けてしまったので、だんだん運動に参加する気持ちにもなれなくなっていった。一時アルバイトで小さな会社の事務を手伝ったりしていたが、そのうちに卒業しなければならない時期になってきた。それで、会社に勤めながら、一九五三年の二月から三月にかけて卒業試験を受けることにした。

卒業に必要な単位は二十単位だった。そのうちの十三単位は取ってあったので、残りの七単位をぶっ通しで一気に全部取った。取ったといっても、成績はどれも良だった。ギリギリ最低の成績で合格した。大学にしても、こんな学生を置いていてもうるさくてしようがないから、ということだったのだろう。

こうして卒業はしたが、就職の目当てが全然つかなかった。本気で学部長あたりに謝って、何とか

就職口の援助をしてもらいたいと言いに行けば、あるいはできたかもしれない。だが、こっちも意地を張ってるからそれはできない。

もっとも就職しようという気もなかったので、アルバイト先の会社でそのまま働いていた。しかし、私は事務的なことが苦手だし、まして人と商取引きの交渉ごとなどをするのはもっと苦手だったので、その会社で働き続けるのもままならなかった。中高の教員免許は取っていたので、学校の先生をやることにして、東京都の女学校、千葉の商業高校などに出願した。私が、「学校の教師になろうと思うので推薦してもらいたい」とお願いすると、南原先生は快く推薦してくれ、身元保証人になってくれた。南原先生は、自分が処分した学生たちの先行き、就職先を親身に心配してくれていた。

ただ停学処分のことが新聞に大きく載ったりして、当然名前が知られているので、南原先生の推薦があっても、東京都のほうでは教育委員会が採用しないだろうと思っていた。千葉の商業高校では、校長の面接を受けた。校長は、まず「あなたは、左翼学生ではありませんか？」と聞いてきた。私は、これは嘘をつくわけにいかないと思って、「多少人から左と言われているかもしれません」と答えて面接を終えて帰ってきた。その校長は、思想傾向について大変やかましい右翼の塊みたいな人だった。それで、とてもそんな学校に勤める気になれないということで、面接の直後に辞退届けを出して、向こうから不採用と言われる前に自分のほうから辞退した。東京都の教育委員会からは案の定、不採用という通知が来た。

もしかしたら山梨県のほうなら停学処分の情報が伝わっていないかもしれないので、入れるかなと考えた。山梨県の県庁に勤めている友だちがいたので相談したら、多分大丈夫だから面接を受けてみたらどうかと言ってくれた。その助言に素直に従って山梨県に行くと、東大を出て高校の先生になってくれるのはありがたいと、向こうは大歓迎だった。一発で甲府市立商業高等学校に勤めることになった。甲府商業には約一年半勤めた。

ところが私の老母が、寂しいから帰って来いと言いだした。私たちは今の練馬区に住んでいたが、私が甲府で下宿をして滅多に実家に帰って来ないので、大変に寂しがった。なんとか東京の学校へ替わって戻って来てくれと言うのだが、東京では採用されっこない。そこで何か良い解決方法はないかと考えてみると、山梨県の一番東側の大月市に都留高等学校があって、そこなら東京からなんとか通える。昼間の学校だと勤務時間が長いし、しかもクラブ活動なんかがあって、教員としてはそちらもやらないわけにはいかないが。定時制ならば、午後六時から始まって午後九時には終る。クラブ活動も見ないですむので、夜の九時ちょっと過ぎに電車に乗ることができれば、東京のわが家から大月の学校までは片道二時間半かかるけれども、往復五時間なら通えないことはない。ということで、都留高校の定時制に移って一年間教師を続けた。

ちょうどその頃、もう一つの挫折というか、悲しいことがあった。当時、私には、心から愛していた婚約者がいた。けれども、その母堂は、将来性の乏しい私を遠ざけようとしていたし、本人も次第にその気になり、ついに破談となった。姑(私の母)の存在も煩わしかったのであろう。いかにも口惜しく、恨めしかったが、その気持ちをどこかにぶつけることもできなかった。

やはり、そのときはすごく落ち込んでいた。でも、先生という仕事は、なかなか張り合いがある。生徒たちは、昼間働いてくたくたになっても、夜また勉強する本当に熱心な子たちだった。眠ってる子もいるが、これは黙って眠らせておく。昼間働いた疲れがあって、学校に来て教室で眠っていても決して無駄ではない。学校は昼間の疲れをいやす憩いの場で、休み時間ともなれば、クラスメイトとしゃべったりしている。学校というものは、授業なんか聞かなくても、みんなと過ごすことにも非常に意味がある。学校に通うこと自体がいいのだ。授業中に眠っちゃいかんとか、そういうことはつゆ考えない。

その定時制には、すごく真面目な立派な生徒がいるし、中には懸命に勉強する飛びぬけて秀才の生徒がいた。彼らを教えていると、彼らの将来に希望が持て、そこに大きな生きがいを感じた。心底から生涯、定時制の先生を続けていこうかと思っていた。

一目惚れの結婚と二度目の浪人

教員生活を続けていると、薄給ながら結婚するのも不可能ではなくなってきた。そこで老母はしきりと嫁を探そうとするが、見合いなど苦手だった。いっそのこと、夜遅くに東京に戻ってきて、池袋の飲み屋で馴染みになって、気の合った従業員の女性を家に連れて来ようと思ったこともあった。もっとも相手の女性は、姑のいることをひどく気にするので、冗談話以上には進まなかった。

そうしたとき、一緒に処分を受けた仲間の一人で、七高出身の弁護士原後山治が、新年会をやるから彼の自宅に集まれと言ってきた。旧友たちの名を挙げて、その連中も来るというので、夕方指定の時間に出かけていった。二階の広い座敷に通されると、男女各十名ほどが互い違いに座るようになっていた。これは集団見合い、今でいう合コンだと気がついたが、カモフラージュするために既婚のカップルも交えてある。

鍋物とビールが振る舞われ、順番に自己紹介をしていく。野次や嬌声の中、何とも楽しい。独身の男性は、すべてこの家の主人の友人であり、独身の女性は皆その夫人の友人で、女性の年齢はいずれも二十三歳という。私の右隣はすこぶる美人だけれども、話しかけても短い返事をするだけで、やや取っつきにくい。左隣の女性は、親切だが活発すぎる。

私の自己紹介の番になったとき、旧制静高出身であること、大学での停学処分、卒業後の経過と現在の職場、家族構成などを、ほとんどユーモアなしに喋った。二、三人の友人と主催者とが補足説明と称して何やらしきりと持ち上げてくれた。

角に近い私の座席と対称の位置に座っている和服の似合う娘（その夜、和服はその人だけだった）が立って、きれいな声で控え目な自己紹介をした。十代の終わりに肺結核で入院生活を送った事実を臆面もなく語ったので、かえって印象が強く、後の人の自己紹介はもう耳に入らなくなってしまった。

ときどき彼女のほうをちらっちらっと眺めると、左手で右の袖を支え、右手の菜箸で鍋の中の物を摘んで隣の男の皿に盛ってやる仕草などが目に入り、淑やかさと色っぽさを感じてしまう。密かにその男に妬いている自分に気がつく。

そのうち主催者の提唱で、ジェスチュア（パントマイムで人物を当てさせる遊戯）をやろうということになり、私には「カルメン」が与えられてどうやら成功する。あるインテリ女性は、「考える人」を当てさせるまでかなり手間どっていた。

和服の娘に与えられた題名は「久米の仙人の見た女性」で、川で洗い物をする姿を演ずるには、多少なりとも裾をからげて脛を見せないわけにはいかない。それを慎まし気にやってのけ、拍手を浴びた。私は再びうっとりとしてしまった。

夜も更けて宴は終わり、帰り道が共通なのでその人を交えた二、三の女性を池袋まで送って別れた。彼女は疲労の色が濃く、口をきくのが大儀そうにみえたので、「大丈夫ですか」という程度の会話で終わった。

翌朝、主催した原後から電話がかかり、昨夜の娘たちの中で気に入った相手がいるかと問われたので、私は即座に「あの薄桃色の着物を着た人」に一目惚れした旨を告げたが、双方とも病歴のことはあえて触れなかった。彼は、「矢張りそうか、まかせてほしい」と答えた。一時間後に再び電話をくれて、先方も気持ちが動いているが、自分の健康の点で不安があるので急ぎの話には応じ難いとのことであった。私は、ともかく原後夫妻の親切に心から謝意を表した。

原後は、停学処分されて就職は見込みがないので、司法試験を受けるしかないと考えて、処分を受けた途端に勉強を始めて司法試験に受かって弁護士になっていた。その彼が、「君は血の気が多いから、（今の生活に）満足できないんじゃないか。しっかり勉強して司法試験を受けたらどうか」と勧めてくれた。もちろん彼は、私が六年も遅れているのを知っている。今を逃せば合格は難しくなるから、先生を辞めて浪人して司法試験の勉強をしろと言った。

私は、原後の強い勧めに従って、その年の春に教師を辞め、受験勉強に専念することにした。だが、本気で司法試験を目指そうと浪人したものの、浪人生活は考えるほど簡単なものではない。生活費は、父親からの「借金」に依存することにした。実は、両親は別居していて、私は母側について父と対立していたのだが、この際、意地を捨てて父にすがることにした。

しかし、三十歳を過ぎて記憶力も衰えてきていて、試験勉強は思っていた以上に大変であった。司法試験受験は、無論一回目は不合格だった。

妻に支えられながら合格

その間、かの女性（姓は永井といった）とはもう一度引きあわせてもらい、直接交際を始めることができた。彼女は、満八歳の頃実母が病死し、後添いの人を母と呼んで育ったが、弟妹も多く、長女としての責を果たしてきたせいか非常に心配りが行き届き、半面多少勝ち気なところが見えて、そこがかえって私には魅力に感じられた。要するに、惚れてしまえばすべてが気に入るのは当たり前であった。

私は父母に関する過去・現在を詳細に語り、母が年齢の割にしっかりした良妻賢母型であるうえ、嫁との同居を望むので、一般の花嫁候補からは当然敬遠される立場であることを詫びたが、彼女はその点は一切気にしない。ただ自分の体が結婚・出産・育児に耐えるか否かが最も気がかりな問題なので、是非私に担当医と会って欲しいと言った。

ある日、告げられた病院を訪ね、須田朱八郎というその医師に面会を求めた。現れたのは堂々たる体格の中年の先生で、顔立ちが穏やかで誠実そのものといった感じであり、最初から強い信頼感を抱いた。私は自己紹介をして、結婚を望んでいる立場を説明し、さらに尋ねられるままに出身校などを語るうちに、奇しくも須田先生が静高の大先輩であることが分かり、お互いに驚きかつ喜んだ。須田さんは、第七回理乙の生徒で、昭和六年から七年にかけての思想弾圧事件で卒業を目の前にして学校を追われた人である。寮史にも登場し、当時の先輩たちはひとしくこの立派な人物を記憶している。

この先生が後輩である私に対し、彼女の数年来の病歴と現在の健康状態をきわめて率直明快に説明し、配偶者の愛情と理解さえあれば出産も育児も十分可能であることを請け合ってくれた。このときの感激は生涯忘れないであろう。須田先生は、その後一九六九年に亡くなられた。患者診察用のレントゲン線被曝による白血病が原因だった。

ところで二回目の司法試験もまた失敗であった。そこでつくづく考えた。受かるまで際限もなく浪人を続けるわけにはいかず、そうかといって直ぐ諦めるのも残念である。あと一回だけ受験して失敗したら職に就くという決意を固めた。私には多少の画才があるので、ペンキの修業をして塗装店を始めるのが一つの道。他の道は、ちょうどその頃、別な友人から勧められていたが、アルゼンチン移民の指導員になることだ。

ともかくこの決意について彼女に相談したところ、何であろうと一緒について行くという健気な返答である。そこで一挙に飛躍して、今すぐ結婚しようという話になり、私の父親に最後の経済協力を求めることにした。彼女の父母にもやっと許しを得、一九五六（昭和三十一）年十一月、浪人結婚の運びとなった。いくらか悲壮さを湛えた結婚の宴には、南原繁先生が来てくださって、激励のスピーチをいただいた。

人より非常に道草を食っているわけで、もう後がない。結婚が実現して、それじゃというので一生懸命勉強した。半年間、猛勉強の結果、比較的上位の成績で合格することができた。これは勇敢にも浪人・姑持ちという最悪の条件の男の家に飛び込んできて、協力してくれた妻の愛情のお陰だと、今でも信じている。

そんな訳で、アルゼンチンの話は期待してくれた友人に丁重に断った。

男の友人、とくに親友のいない男は信用できないと同様に、女友だちに人気の薄い女は、たとえ美人でも面白くない。私の妻は、学友にも、子どもの母親同士親しくなった女友だちとも和気藹々（あいあい）、楽しめるタイプである。妻は、私が飲みに行く銀座の店のママ、ホステスたちともたちまち仲が良くなって、皆が敬愛してくれる。お陰で私が不心得をしたくとも先方が受け付けてくれないという羽目になる。

妻は結婚後病気らしい病気もせず、娘二人を産み育て、嫁がせ、しかも私の母には徹頭徹尾孝養を尽くした。そのため私の姉たちの褒め言葉も決してお世辞ではない。一九八九年三月母が九十七歳で亡くなったが、それまでの三十三年間を「嫁」で過ごした。さすがにこれほど長く嫁でいようとは当初予想していなかったであろうと思うと申し訳ない。

結婚をして、弁護士の道が開け、将来が大きく広がった。このとき、私は、戦争に行って生きて帰ってきた体験をいろいろ考えた。死んだ友たちを思うならば、自分も死んだと思えと。自分も死んだと思うならば、今ある命の限りを今度は平和のために捧げてもいいじゃないか。もう一つは、死んだ友人の分まで生き抜こう。それが死んだ友人に対する礼儀だろう。彼らの分まで生きようと、自分に言い聞かせた。

やはり生きていれば苦もあれば楽もあるが、若くして死んだ人たちと較べると、どんな苦労をしようと幸せであったと思う。その幸せを一人私が享受していくことはできないと思った。

（次頁以下、南原繁先生と私ども処分を受けた学生達との熱い交わりを伝えた週刊朝日の記事を載せておきたい。）

南原繁先生と筆者ら処分学生との熱い繋がりを伝える『週刊朝日』（1974年6月7日号）の記事

元東大総長

南原繁氏と自治会OBとの愛情ある関係

南原繁氏が亡くなった。八十四歳。白髪で謹厳実直な風貌は、戦後一時期の東大の〝権威〟を象徴していた。政治学、政治思想史が専門だが、一般には東大総長六年間の記憶が生々しい。講和条約をめぐって、時の総理吉田茂氏と「曲学阿世」論議をしたのは有名だが、こういう表の顔の裏には、自分が処分した東大自治会OBとの、温かい師弟関係がかくされていた。

写真＝㊤南原氏の病気回復を祝って、三十三年秋あつまった〝落第生〟たち。前列右から斎藤浩二、南原繁、高沢寅男　左端は土屋公献。後列右から梅野泰二、安東仁兵衛、原後山治の各氏㊦生前の南原氏は朝の散歩を欠かさなかった

「東大最後の総長だったなあ、南原先生は……」「それにしても、先生らしい葬式だよ」

こうつぶやいて、南原繁・元東大総長告別式でたたずむ、四十代後半の数人の男たちがあった。

五月二十五日、東京・千代田区の女子学院講堂での告別式は、林健太郎、加藤一郎の現・前東大総長、丸山真男・東大名誉教授ら、居並ぶ顔ぶれの多彩さにくらべ、葬送のオルガン演奏と白いカーネーションを遺影に捧げるだけの、実に簡素なものであった。

「おれの告別式は旧友再会の場だ」

それというのも昨年来、胃ガンで病床にあった「南原先生」は、つね日ごろ近親者や親しい人びとに、こうもらしていた。

「華やかな葬儀は、きらいだ。うちわだけでやれ。だが、私の葬式がきっかけで、何年か、何十年ぶりかで、思いがけない友に再会できるなら、それもよかろう。旧友再会、いいねえ」

その数人の男たちは、二十一年末に結成された東大学生自治会の主要メンバーで、南原総長によって、レッドパージ反対、単独講和反対闘争で退学、停学処分を受

けた学生運動家OBたちであった。まさに、総長の"遺言"通りの、旧友再会であった。

戦後の混乱期、二十年末から六年間、東大総長であった南原氏は、その後、学究生活のかたわら、地方の学校や教育団体で、地味な講演活動を続けていた。その多くは、独自の教育論であった。講演のなかに、必ずといってよいほど、登場するのが"処分学生"のことであった。

「私の総長在任中の後半、全国的に学生運動が盛んになり、東大でも有能な学生を処分するような事件がしばしばあったが……その大多数は復学して卒業し、今では教授、弁護士等それぞれの道に出発している者が多い。私自身殆んどそのひとりびとりを在学当時から知っており、彼らは私の家にも出入りし、今にその交わりは続いている。私の発病（注・三十二年、香川で心筋梗塞で倒れた）が東京に伝わったとき、有志が金を出し合い、飛行機の往復座席券を用意して、沖中重雄教授に往診を懇請したのは、このグループのS君らであったのである」と、数少ない著作「ふるさと」にも記している。

25日，南原氏の告別式は簡素だった

S君というのは、東京第二弁護士会所属の斎藤浩二氏のことである。かれは、いまも二十五年六月三十日付の新聞を、大切に持っている。見出しには、「東大、過激分子の処分発表　自治会委員安東ら七名」とある。このとき経済学部三年、学生自治会中央委員会議長高沢寅男氏（現社会党代議士）とともに、法学部三年、前「緑会」委員長だった斎藤氏は、無期停学処分をうけた。

病床に名医送った"落第生"たち

「東大は出たものの、前歴ある身で、司法試験を受けても、うまくいかなかった。そこで、処分された仲間の土屋公献（東京第二弁護士会）、栂野泰二（同）と、南原先生のところに相談にいって、"保証人"になっていただき、やっと司法研修所にはいれた。そんなとき先生の発病を聞いて、沖中教授に頼み込んで、四国まで行っていただいた。もちろんカネはない。仲間からかき集めたが、羽田から沖中さんを送り出した朝、『先生、たすかってくれ』という思いでいっぱいだった」（斎藤氏）

同級生より七年遅れて弁護士になったこの三人は、以来、元旦に"南原詣で"を欠かさない。死の数日前、病床で、三人の自治会仲間である新井正大氏（前NETニュースキャスター）に、南原氏はこうもらした。

「栂野の相手は、強いのかい？　大丈夫かね。保守的な土地柄だから大変だな」

島根から社会党公認で参院選に出る予定の栂野氏のことを、心配してのことだ。「南原先生の政治学の講義なんて、一度も聞いたことがない」と笑いとばす、かつての闘士たちも、この話を耳にして、しんみりとする。

中森蒔人氏・図書月販社長も、停学一年組である。

「大学を去ってから十年ほど、一回お会いしただけで、私の方から先生、先生といったこともないのに、なにかと精神的援助をさしのべてくださった。いわば、わるい学生。先生の名著『国家と宗教』を卒論でクソミソにこきおろした私なのに、先生は、一方的に愛情を注いで下さった。私、この年齢になって、本ものの教育者とは、こういうものかと、悟った次第です」

地方の高校教師の後、家業の出版社をついだ中森氏に、南原氏は「若い世代への証言」の出版をまかせた。「世俗的な著作、原稿は書かない」という"南原信条"を破ってまで、中森氏を応援してやろう、という気持ちが働いたのだろう。

このような南原総長と、全学連創立当時の東大学生自治会幹部との奇妙な連帯感は、当時としては、至極当たり前のことであったようだ。

「戦場から帰ってきた学生、敗戦の虚脱から新生日本建設の夢に燃える学生と、理想の文化国家をつくろうという南原総長ら大学人とは、革命か文化国家か、の違いがあっても、自由で新しい日本をつくろうという点で共感があった」と、斎藤氏が無期停学処分をくらったとき、退学処分になった安東仁兵衛氏（当時、法学部三年、学生自治会中央委員）は回想する。

占領軍総司令部の指示によるレッドパージ、三鷹、下山、松川事件。朝鮮動乱。単独講和といった変動する社会情勢（昭和二十

三、四年～六、七年）のなかで、吉田首相に「曲学阿世の徒」と指弾されても、南原総長は主張してやまなかった。

「大学の自由、学問の自由は守らねばならぬ。教授が特定の政党に属しているだけで、とやかくいわれることはない。中、ソを含めた全面講和こそ、永久平和への道である」

全学連や東大自治会は、全面講和論をぶちに二十四年末、渡米した南原総長にカンパをおくった。

しかし、学内規則に反した屋外や無届け集会などを理由に、レッドパージや単独講和反対のストなどで、十七人を処分、という学園のスジを通すことを忘れなかった。

〝つるしあげ〟にもうれしそうな総長

「図書館ぎっしりの学生の前で、ぼくは、『弾圧だ』『非民主的だ』と南原先生を、こなまいきに、やっつけたわけですよ。すると先生は『もっとやれ』『よく口がまわるな』『まだ、やる気かっ』と、お顔にはうれしささえ浮かべていました。学生も教授も、未来を期待できた時代だったんですよ、あのころは」

という安東氏は、復学の道も残されていたが、あえて退学処分のまま、農民運動にとびこんだ。

「安東は、どうしている？」

総長退任後の南原氏は、よくこうもらしていた。農民運動の紛争で浦和刑務所入りした安東氏をたずねて、ひとこと、

「体を大切にな」

激情家の安東氏も、以来、正月には南原宅をおとずれることになる。いま雑誌「現代の理論」を主宰する安東氏は、停、退学者を中心にしたあつまり「一九会」（一月九日に集合する会の意味）の幹事役となった。

「私が結婚したと人づてに聞くと『奥さんをつれてこい』。子どもができないと『キミ、医者にみてもらえ』。仲人をつとめていただいた落第生仲間は、数多い。優等生より、落第生が好きなんだ、先生っていう人は……」

南原氏の寛大さ、温情について、安東氏は、古きよき時代の浪花節か、とも思う。思想をにくんで人はにくまず、のヒューマニストかな、とも思う。〝不肖の子〟をいつくしむ父親、とみる人もある。が、新井正大氏は、こんな南原像をえがく。

「先生は、差別をきらった。クリスチャンの先生は、神の前では何人も平等で差別されてはならないと信じていた。だから、赤色教授追放にも反対し、闘争で処分された学生が、その後も差別されて苦難の道を歩んでいるのを見すごせなかったのではないか」

安東氏のように処分はされなかったが、共産党東大細胞のメンバーだった「赤旗」編集局長・上田耕一郎氏も南原総長とのたった一度の〝出会い〟をなつかしむ。

「授業料値上げと、占領軍による理事会制度押しつけ反対闘争で、正門のスト呼びかけ大看板をはずせ、はずさぬで、武井昭夫君（全学連初代委員長）と総長室に呼び出されて、やりあった。南原さんは『占領軍の大学理事会案は、ワシが体をはって阻止するつもりじゃ。それなのに、あの大看板は、学外からの介入をまねき、ワシの闘争を不利にする。撤去してくれいっ』と、コブシで机をたたいて党員そこのけの大演説をされた。オールド・リベラリストの気迫にうたれたのを、今も鮮明におぼえている」

「永遠で、最後の教師だった」

筋金入りの共産党員の胸にも、人生のひとコマを残した南原総長時代。そのころ不破哲三、柴田睦夫、正森成二、中島武敏、松本善明氏ら五人の共産党議員も、東大で学んでいる。経済評論の力石定一法大教授や、西武百貨店社長・堤清二氏も、同じ世代の学生運動家だった。

さて、斎藤氏ら落第生らにとって、ことしの元旦の〝南原詣で〟は、南原氏宅の火事騒ぎと病気のため果たせなかった。

一月末、安東氏らは、お見舞金を持って病床をたずねた。

「とうとう、来たな」

落第生仲間からの見舞金を手に取って、

「せっかくだから、一枚だけもらっとくよ」

と、一万円札を一枚ひきぬいて、残りを押し返した。

これが、総長と落第生との永遠の別れとなった。

学生運動家OBのいく人かは、対等に論じあってくれた南原氏への思慕を語りながらも、当時について多くを語りたがらなかった。再び自由にものがいえない時代になったのか、南原総長がいみきらった差別が、まだ続いているためなのか。

告別式で、旧友と再会した停学組の原後山治氏（東京第二弁護士会）は、こういった。

「南原先生は、われわれにとって、永遠で、最後の教師ですよ」

本誌・青木 公

第二部　生涯弁護士のわが人生

第四章　誇りを持って一介の街弁に徹す

イソ弁時代の弁護士修業

私はどうやらこうやら三回目で司法試験に受かった。同じ年齢の人の中には、十年も前に弁護士となって、すでにばりばりやっている人がいた。私は、あっちにぶつかりこっちにぶつかりの人生を歩んで、大分遅くなって弁護士になったが、後から考えれば挫折というのは人生にとって良いものだ。

司法試験に受かって、一九五八年の四月から司法修習に入ったが、そのときの刑事裁判教官が青木英五郎さんだった。裁判教官というのは、大体にして体制派だが、現職の裁判官で教官をやっていながら、官僚裁判官がいかに冤罪を作るかといったことを平素から修習生に語っていた。反体制の立場を鮮明にして、それで教官が務まっていたのだから、青木英五郎という人は大変立派な人だった。

私は司法修習を終わり、一九六〇年四月、ちょうど六〇年安保闘争の年に、第二東京弁護士会に登録して弁護士の道を歩み始めた。

近藤航一郎先生

弁護士は、弁護士登録をすれば自分の法律事務所を開くことができるが、すぐに独立開業しても食べていくのは難しい。そこで、どこかの法律事務所に就職したり、企業内弁護士になったりする。弁護士の業界用語「イソ弁」というのがある。「居候弁護士」を略したもので、その「イソ弁」として近藤航一郎法律事務所に入所した。修習幹事の水本民雄先生の紹介だった。

近藤航一郎先生は、一八九九（明治二九）年生まれの当時六十一歳で、九州大分の出身。鼻ひげを蓄え背筋をぴんとさせていて、とても風格があった。無駄口をたたかない、少し近寄りがたい怖いような存在だった。当時月給は相場の二万円で、妻と一歳の長女を抱え、ともかく必死で頑張った。

入所第一日目のいきなりの仕事が、近藤先生が債務者の代理人をしていた倒産企業の債権者集会であった。債権者の下請零細業者は、手形不渡を受け一家心中するほかないという血の叫びをあげ、債権者代理人の中堅弁護士が倒産会社社長を難詰した。それを近藤先生は落ちついて受け答え、結局所期の通り任意整理で再建の方針が確認され、多くの出席者が先生への信頼を明らかにした。口先の討論で雌雄を決するばかりが弁護の道ではないということを痛感させられた。

私はイソ弁時代に、決して忘れることのできない大失敗をした。ある債務履行請求事件だったが、第一審の東京地裁で債務者だった依頼人が敗訴して、東京高裁に控訴していた。その控訴審の期日に、先方の代理人が開廷時刻になっても現れなかった。私はとりあえず出頭カードに署名をしたまま、別件の法廷に出た。ところが、そちらの法廷で緊張したやりとりがあり、それで頭が一杯になってしまった。そのため、先程の法廷があったことを忘れて、そのまま事務所に戻ってしまった。それ以来、その事件のことは完全に意識の外に去ってしまっていた。しばらくして依頼人から問い合わせがあったとき、初めて自分の失敗に気がついた。その場は適当に経過説明をして取り繕った。大慌てで記録を見たり、裁判所に問い合わせたりすると、前回期日には双方不出頭とされていて、惜しいことに、数日前に休止満了で控訴を取り下げたと見なされ、一審判決が確定してしまっていた。

私は、それでもひそかに愚かな悪あがきをし、書記官に会って、出頭カードに署名した以上、出頭したことになるのではないか、と談じ込むなどしてみたが、もちろん受け入れられるわけがない。依頼人は宮永さんと言ったが、宮永さんに対しての責任はもとより、イソ弁の失敗は事務所の長の責任であり、当時は責任保険制度もなかった。

私は、この不始末を何とか適当に弁解できないものかと考えあぐね、誰にも告げずに悶々とした。数日間というもの、眠れぬ夜を重ねたが、ついに意を決して神妙に近藤先生に申し出た。どれほど怒鳴られるかと覚悟を決めていたが、まったく生きた心地がしなかった。

しばらく瞑目（めいもく）していた先生が一つうなずいて、「私にも若いときそういう失敗があったよ。よくあることなんだ。早速二人で宮永さんに一生懸命謝ろうじゃないか」と言われたときには、思わず万感が込み上げて落涙してしまった。

思いがけなかったのは、宮永氏が「いやいや、この争いはもともと私が悪いのですから負けて当然です。ただの意地で争っていただけです。それに、幸い私には、ろくに押えられる財産もありません」と言ってくださったことだ。宮永さんも近藤先生と同じ大分の人で、二人に九州男児の潔さを見た思いだった。

近藤先生は、とかくハッスルし過ぎる私を抑える方向を取られた。快刀乱麻を断つ有能さを発揮しようと心掛けるのは、愚か者のすることだと言う。経験の浅い弁護士は、判例とか学説とかを念頭に置いて、いきなり依頼事件を採点し、明快な結論を出そうと逸（はや）り勝ちだ。だが、楽観・悲観はもっと後に回せと言う。

殊に、悲観的な場合に匙を投げるのは、せっかく救いを求めて来た依頼者に対し不親切だ。何とか道を見出してやろうと相談に乗り、たとえ本人の期待を抑えるにしても、相応の満足を感じさせる血の通った取り組みをしていく姿勢が大切なのだ。依頼者への同情、激励、説得に時間と労力を割（さ）くこと、つまり信頼関係の樹立が基本なのだということを、言葉だけでなく、平素の仕事ぶりを通じて教わった。

ただ、どう見ても虫の好かない人物へのサービスとして、正月二日早朝の電話で四日の仮処分申請をやらされたときなどには、つくづくイソ弁の悲哀を感じた。

独立開業の頃

私は自分へ依頼される事件は、事務所の仕事の合間に自由に引き受けた。国選弁護事件も民事事件も増やしていったが、後に死刑囚の弁護を引き受けることができたのも、そのような体験を積み重ねていったお陰だ。一定の収入が得られるようになり、若干の蓄財もできるようになったので、一年半にわたって近藤先生から頂戴してきた二万円の月給を辞退することにした。そのほうがもっとのびのびできると感じたからだった。私は満三年で独立しようと考えていたが、ちょうど近藤先生が二弁会長に立候補されたので、一年間、所長代行のようにして留守を預かることになった。

先生の許しを得て、私が日本橋角の柳屋ビル最上階の九階に小さな事務所を設け、宿願の独立を果たしたのは、一九六五年十月であった。五年間に鍛えたものをいよいよ試そうという段になると、やはり大海に小舟で乗り出すような緊張を覚えたが、逆に解放感も大きかった。事務所を開いた当初は、弁護士は私一人だったが、しばらくして初めてのイソ弁として今村嗣夫弁護士が入ってきた。

今村弁護士も人権擁護の旗幟（きし）を鮮明にさせていて、相当な呑んべえということもあって、大いに気が合った。事務所のビルの地下には食べ物屋や飲み屋があった。だから九階から下に降りて毎日のように今村弁護士と呑んでいた。今村弁護士が明日までに準備書面を出さなくてはいけないといって一生懸命書いている最中でも、「まぁ、いいじゃない」と言うと、二つ返事でＯＫする。昔はのんびり

独立開業当時の筆者

していて、準備書面はこの次に出しますと言うと、それで済んだ。タイピストを一人雇っていたけれども、コピー機などはまだあまりなかった時代で、カーボン紙を重ねて複写する手書きでよかった。

今村弁護士は詩人で、何でも詩にしてしまう。本格的な詩も書くが、ひょうきんなものも作る。

当時の私の事務所は男性三人、女性一人で、いつも部屋の中は書類がごちゃごちゃとあふれている。それで大切な書類がしょっちゅう見当たらなくなって、あちらこちら探してもなかなか見つからない。見つかると、またなくなってしまうといけないので、皆が一斉にその書類に飛びつく。そういう事務所の様子を即興で歌にして鉄道唱歌の節で唱ったりしていた。

所長の土屋公献さん
所員一同勢揃い
今日も目の色変えてます
重要書類が雲隠れ
お江戸柳屋九階
ガサゴソガサゴソ
キョロ

彼にはもうちょっと居てほしかったのだけれど、二年か三年で独立していった。私は一九六九年、近藤先生が病に伏されるに及び、出戻る形で近藤事務所のあとを継いだ。

哥沢の名取りとなる

まだ近藤事務所のイソ弁だった一九六五年の春ころ、ある倒産した会社の債権者集会でのことだった。任意整理が決まり、債権額の多い五社が整理委員に選ばれた。私は、その中の一社の代理人として、事実上委員会をリードする形となった。集会の後、整理委員五社が顔合せに一杯という席のことだった。人形町あたりの座敷に上がったのだが、飲むうちに隣に坐った初老の紳士が「一声ご披露したい」と言ってにわかに正座し、扇子を構えた。その人の話し声がいわゆる低音の濁み声なので、大丈夫かなというお節介めいた不安がよぎった。一同は、「えっ？」という感じになりながらも拍手した。

その人が唄い始めると、音声がまことに絶妙で、とくに高音の部分が澄み切っている。話し声からはおよそ想像もつかない人を惹きつけるものだった。唄ったのは「哥沢」の「身は一つ」という一曲で、

身は一つ心は二つ三つまたの
流れに淀むうたかたの
君に会う夜の櫂まくら
あかつき方の雲の帯
啼くかなかずのほととぎす

もちろんそのときは初めて聴いた次第だから、右のような歌詞も曲も覚えているわけがない、唄い終わるまで約五分間、みんな神妙に傾聴した。終わってお辞儀をされたとたん、一斉に拍手と歓声が上がったことはいうまでもない。

隣にいた私は酔いも手伝って殊のほか感動し、よせばよいのに口を極めて賞めてしまった。布施というその紳士はすっかり上機嫌になり、一度稽古場を覗いてみてくださいませんかなどと誘うので、私もその場しのぎに「近いうちにぜひ」と応えたのが運の尽きだった。早速その翌日布施氏から事務

哥沢の新年演奏会（2007年1月新喜楽）

所に電話があり、今晩が稽古日なので九段下のしかじかという家を訪ねてくださいと言う。酔余の約束とはいえ、破っては男が廃るとばかり、宵の七時頃その家を捜し当てると、師匠は哥沢芝志津という六十歳位の品のよい女性で、私が口をもごもごするうちに布施氏が何やらしゃべり、あれよあれよという間に入門させられてしまった。

哥沢は、江戸後期に流行した端唄（長唄の次に発生した自由で通俗的な曲風の三味線小歌曲）をさらに洗練して派生したもので、渋さと艶を兼ね備え、邦楽の中では最も技巧的な唄い方をするとされ、三味線の弾き方も非常に遅い芸風である。寅派の始祖は歌沢寅右衛門、芝派の始祖は哥沢芝金で、寅派は「歌沢」と書き芝派は「哥沢」と書く。

苦界に身を沈めた遊女の憂い、愚痴、恋のやる瀬なさ、きぬぎぬの別れの嘆き等々、とても現代人には付いて行けそうもない女心が主なテーマであるが、そのいじらしさ、憐れさを無下に突き放す気にはなれないという程度の心情の持ち合わせがないと、邦楽とはとうてい縁が無いと思わなければならない。

最初に教わったのが「重ね扇」という短い歌だったが、三か月もたたないうちに、大和証券ホールでその師匠の「師籍十五年演奏会」という大がかりな催しがあり、社中一同着物袴姿で出演し、私も「重ね扇」を唸った。聴きに来た妻に「あれじゃまるで詩吟ね」と酷評された。こちらも意地になって発憤し、週二回熱心に通い、次々と曲の数をこなしていったところ、周囲から「スピード違反ですな」と皮肉られた。数年で「哥沢芝志公」という名取りとなったが、波のあるのが世の習いで、その後二弁の副会長、研修所の教官、会長等々、忙しい口実を設けてはサボり始め、破門防止に月謝だけは納め続けたものの曲の数が増えず、今度は「駐車違反ですな」と言われる始末だった。

それでも年二回程度の演奏会には無理して出演を重ね、プログラムの番付だけは段々と上がっていった。相撲の番付と異なり、実力に関わりなく入門や名取りの古いほうが上位という仕来りになっているからだ。今では数十名の中で、いつも終わり近くに出演するので、恥ずかしくて仕方がない。

師匠が一九八五年に他界し、後継者（現在の二代芝志津）が決まるまでしばらく空白があり、その間別の若くて美しい師匠の世話になったことがあるが、八六年の二弁新年会の余興に紋付袴で「松の翠」を演じた際、この若い師匠ら二人が三味線を弾いてくれた。そのまま立食パーティにも参加してもらったところ、この人に一目惚れした某会員がぜひ弟子になりたいというので紹介した。入門したは良いが、本人の告白どおり入門の「動機が不純」なためか長続きしなかった。もっとも、これは冗談であるから、ご本人は気にしないで欲しい。

その後しばらくして、大川隆康弁護士（一弁会員）と銀座で飲んだとき、その師匠の話をして入門を勧めたところ二つ返事で応じてくださり、彼の場合は動機が純粋なので熱心に稽古し、数年後「哥沢芝虎隆」という名取りになられ、押しも押されもしない実力を発揮している。

さらにその後、間中彦次二弁会員（元裁判官）もつとに「哥沢芝中」という名取りであられたことを知ってうれしかった。大川氏、間中氏とも演奏会のたびに出演されたが、間中氏はその後亡くなられた。

あるとき、弁護士の団体旅行で、京都祇園の料亭の宴席で舞妓と芸妓の舞が終わり、三味線を弾いた老妓から「今度はお客はん、小唄でもいかがどすえ」と言われ、一同たじろいで顔を見合わせていた。そのまま黙っていて、江戸の客は野暮ばかりと京女に侮られてはならじと勇を鼓し、「哥沢を一席」と名乗り出た。すると老妓は、まじまじと私の顔を見たかと思うとサッと居ずまいを正し、厳かに三味線と撥を構えた。

唄い終わればお世辞を言ってくれるのは普通だが、そのときの反応はそれ以上だった。その界隈では畏敬されているであろう老妓が、いくらか緊張して真剣に弾いた。その哥沢という多少難しいジャンルをどうやらこなした人物に対して同様の畏敬を抱いたためか、若い芸妓たちが一斉にお銚子を持って取り囲んでくれるという思わぬ仕儀となった。これも芸ごとの意外な余禄だと感じたものだった。

　弁護士の日常業務とも生活理念ともまったく関わりのない、ともすれば時代錯誤とも言われそうな、こういった趣味に深入りすることに、何か意義を見いだせるだろうか。何も見いだせない。それでも、慎ましい師匠と、やる気満々の社中一同とともに、多分、健康の続くかぎり、生涯続けることになるのだろう。

　事件を手がけた縁で趣味の領域が広がったものに、もうひとつ社交ダンスがある。ある学校の校長先生だったが、報酬はいただいているのでいいですよと言ったのに、ぜひダンスを教えたいと毎日曜日に自宅に押しかけて来る。こちらは、休みは家族とゆっくりしたかったけれど、教えるほうがいささか熱が入りすぎていて、子どもはせっかくの日曜で父親に遊んでもらえると思っているのに、えらい迷惑だっただろう。二時間近く、家内と二人でレッスンを受けている間、二人の子どもはじっとそれを見ている。ワルツからタンゴまで一通り習ったが、その校長先生が身体を悪くしたので、一年くらいで押しかけダンス教室は終わった。研修所の教官をやっていた頃、松本楼三階に講堂があったが、そこにプロの講師を呼んでパーティをやった。修習生が集まるが、その頃は男性が圧倒的に多かったので女性が足りない。そこで弁護士、裁判官、検事の娘さんなどに来てもらった。一回目はたくさん集まったが、次からは修習生のほうが来ない。せっかく来てもらった女の子のほうがパートナーがいなくて気の毒だった。

弁護士魂とは

弁護士法第一条には人権擁護と社会正義という文言がある。これは飾り文句ではない。弁護士は本当に人権のために尽くさなくてはいけない。これで報酬をもらう。決して金儲けのためではない。人権のために尽くす。それでもなんとか生きていける。ところが今、金儲けのために弁護士になる人がけっこう多くいるのが残念である。

弁護士とか医者とかは、金持ちにならなくとも、弱い者の味方をして真面目に仕事をすれば生きていけるようになっている。医者や僧侶や弁護士はいわば聖職、利益のためでなく、人が困っているのを助ける、救うから聖職なのだ。

言い方は悪いが、弁護士は人の不幸につけこんで食べる。たとえば交通事故が起きたとして、加害者も被害者も不幸なことで、弁護士の助けがいる。被害者の依頼を受けたときは、賠償金を得られれば被害者から報酬をもらうし、依頼人が加害者の場合も、賠償金が安くすめば安くなったで、その分だけ少しもらう。いずれにしても不幸につけこんで、自分が生かされている商売だ。決して利益を狙って、こっちのほうが金持ちだから、こっちの言うとおりしようというのではいけない。私もそういう心掛けでやってきて、裕福ではないけれど、不自由のない普通の暮らしはやっている。もし弁護士を志す学生がいたら、まずそのつもりで弁護士になってもらいたい。中には堕落してダメになっていく人もいるが、はじめから金儲けしようという弁護士にはなって欲しくない。

近頃弁護士になる人の中には、なんとか楽な生活をしたいとか、あるいは弁護士という職業にただ漫然と格好が良いからと憧れてなるとか、弁護士魂的なものが少なくなっているように思う。私もそうだったが、弁護士を志すときは、司法試験を受けている最中でも、とにかくどんなことでも、足を棒にしてでも、人権とか弱い者のためにという気持ちがある。しかし、いざ受かってしまうと、もうその志を忘れてしまって、もっといいところに、企業の顧問になるとか、弁護士事務所でもなるべく盛んな、大勢いる渉外事務所に入りたいと思うようになる。

若い弁護士に期待したいことはいくらでもある。けれども、結局みんな生活がかかっている。まして弁護士人口が増えすぎれば、過当競争の中で生き残っていかなければならない。そういう人たちに人権とか、社会正義とか、平和運動をやれとか、そういうことを口では盛んに強調しているけれども、彼らの生活そのものに踏み込んでいくわけにいかない。

私は、弁護士という仕事をしていて非常に幸せだと思っている。「基本的人権を擁護し、社会正義を実現すること」は、本当に弁護士の義務であり使命である。厳しい言い方をすると、それが嫌なら弁護士になるべきではない。このように弁護士の依拠すべき精神を弁護士法の第一条で強く出しているのは、それが基本中の基本にほかならないからだし、これを弁護士業務で貫くことが弁護士魂というものだと、私は信じている。

東大というとやはり官僚養成所だから、私も入学当初は役人になろうかと思っていた。しかし、組織の中で上命下服というか、組織の一員として歯車のごとく従順に働く生活に、果たして自分が向いているかどうか疑問になった。あまり向いていない気がした。役人になったら、きっとどこかで上司と喧嘩して飛ばされてしまうだろうという予感がした。だから、役人になろうという気持ちがはじめはないわけではなかったが、だんだんとそういう気持ちは消えてしまった。そのうちに学生運動に入ってしまったので、役人になることはまったく考えられなくなった。

結果として弁護士になったわけだが、弁護士になった以上、弁護士らしく真っ正直に、やはり弁護士法第一条の精神を貫き、九条をはじめ憲法を守る。自分にとって、そういう使命感が非常に強い。

個々の事件についても、そう言っては失礼になるが、瑣末な事件、小さな事件は、採算ということを考えると引き受けるのをちょっと躊躇してしまうようなこともある。若い弁護士たちからは、大変苦労するし収入にはつながらないので敬遠されがちで、本来なら強い姿勢で彼らを叱咤激励して無理にでもそういう仕事をさせなければいけないのだろうが、それがだんだん億劫になってきてしまう。

そうすると自分でやったほうが気持ちが楽だと、とくに地方の簡易裁判所へ行ったり、家庭裁判所に行ったり、そういう細かい事件をやる立場になってきている。ついこの間までは健康に自信があったから、ある事件で四国の徳島県池田市にある徳島家庭裁判所池田出張所というところに、夜行バスに一晩揺られて約三年ぐらい通った。最近健康に自信がなくなったので、裁判もそろそろ終わりということもあって、その事件は徳島の有力な弁護士に任せてバトンタッチした。

それは単なる一例だが、今でもあちこちの簡易裁判所へ顔を出している。そうすると相手方の弁護士が驚く。私は相手を知らないけれども、向こうは私のことを元日弁連会長と知っているので、「土屋さんがどうしてこんなところへ?」と聞く。しかし、元会長であろうと、辞めた以上は一介の街弁、街の弁護士だから、私がここに来たって少しもおかしくないのですと答えるようにしている。

年齢的なことから、やむをえず、だんだんに弁護活動は減らしていかざるをえなくなっているが、戦争反対とか恒久平和とかのためには過去の歴史を直視して、日本政府によって責任を果させる。そういった戦後補償の活動、それだけは最小限やっていかなくてはいけないという気持ちは一向に衰えないどころか、ますますその意気は盛んになっている。

弁護士と戦争

戦争中の弁護士の姿はどういうものだったか。あの時代は、治安維持法、国家総動員法、国防保安法などの法律があり、特高警察がその辺を嗅ぎ廻っていた。しかも弁護士自治の発展はまだない。弁護士は、治安維持法で捕まったような人、戦争に反対するような人、そうした「非国民」を弁護して、なんとかしてその人の真の姿、本当の正義感を持つ人間であるということを分かってもらおうと、命を賭して本気の弁護をしていた。

ところがそのような弁護士に対する裁判官の訴訟指揮がきわめて厳しい。いろいろと抗弁をしようと思っても、「そういう不穏なことを言ってはならぬ」とすぐに発言禁止とされる。それでもなお抵抗しようとすると、今度は弁護士自身が罰せられることになる。そういう時代がまた来たらどういうことになるのか。これは大変なことだ。このことを私は痛切に心の底から訴えたい。

戦争中は弁護士会の中で有志を募り、弁護士が交替で映画館に行って、映画を見ている幕間の十分くらいの休憩時間に、映画を見に来ている大勢の人たちに向かって、タスキを掛けて、「鬼畜米英をなんとしても一億一丸となって殲滅せよ」などと、戦意高揚を煽る演説をしてまわった。

恥ずかしい歴史の反省に立って、戦後、弁護士は人権を守ることを使命とし、国家が戦争をやろうとすれば、大声を上げて阻止しようと頑張る。そのために弁護士自治を確立したが、それが今日また、弁護士会が戦争に協力していくようになるのではないかと危惧する。

吉展ちゃん事件の被告人を弁護

弁護士とは何かということが、根本から問われるというか、自身に問わなければならないときがある。とりわけ刑事事件では、弁護士としての生き方を決めなければならないようなことに突き当たるときがある。弁護士は、まず疑われている人や被告人の立場を充分理解して、その人を救うためにあらゆる努力をする。

いわゆる凶悪な事件、社会から厳しい非難が浴びせられている事件、人から嫌われている事件、そうした事件を弁護すると、弁護士が非難されたり、嫌われたりすることがある。

「吉展ちゃんを捜そう」運動全国にひろまる
（吉展ちゃん事件　1963年4月30日）

私は幾度か、強盗殺人といった死刑が科せられる重罪事件の弁護をしたことがある。その一つが中村覚という人の事件だった。この人はペンネームを島秋人といい、獄中歌人として有名で、歌集を残していて、今でもときどき放送などで取り上げられたりする人である。その人の弁護をしたが、結局は死刑になってしまった。また社会的にも大きく取り上げられた吉展ちゃん事件の小原保被告人の弁護を引き受けた。

このような事件の弁護をするとなると、人から非難されたり嫌われたりするのは避けられない。それなら、「弁護しません」と言って、誰も弁護しなかったらどうするんだということになる。弁護人がいないと裁判ができない。

「吉展ちゃん事件」の被告人の弁護を引き受けようとしたとき、私は一日考えさせてくれと言った。

なぜかというと、嫁いでいった姉から電話があり、「引き受けないでほしい。（嫁ぎ先には）舅姑もいるし、自分の弟がああいう事件を手がけると、お姑の手前肩身が狭い。だからそんな弁護は引き受けないでほしい」と言ってきた。確かに、嫁の立場では、姉は辛いかもしれない。けれど私は、やはり引き受けざるをえないと思って、引き受けた。

この事件の弁護には国選で二人の弁護人がついた。小松不二雄先生という大弁護士がついて、私が副でついた。小松先生は元検事で、大雑把な人だったこともあって、実動としては、私が全部細かく調べたりして弁護をした。被告人は極悪非道というレッテルを貼られているけれど、本当はそんな極悪非道な人ではない。気の弱い善人の偶発的な事件だった。

法廷が開かれると、傍聴席は満杯になっていた。ほとんどが三十代ぐらいの女性、被害者の幼児と同じぐらいの歳の子どもを持っているような母親たちでいっぱいになっている。その女性たちが、被告人と弁護人を睨みつけている。私は本当にたじたじとなった。母親たちから睨みつけられる格好で弁護をやらなくてはならなかったが、やはり弁護すべきところは堂々とやった。

私は、殺された吉展ちゃんの母親や父親の気持ちも痛いほどよく分かる。本当に可哀想だし、無念でならなかっただろう。それだけに犯人である被告人への憎しみも強い。

しかし、よく「盗人にも三分の理あり」と言うが、被告人にはあのとき、そうならざるをえない理由があった。被告人は、もともとは気が弱くて、すごく善良な人だった。しかしお金に困って借金をして、高利貸しからいじめられていた。切羽詰まって、子どもを誘拐して、五十万円というわずかなお金を親に要求した。

被告人は脚に障害があって、脚を引きずりながら子どもを途中まで連れてきてしまって、可哀想になり、「子どもを家へ帰そう。帰そう」と思ったという。そう何回も思ったけれども、家に帰して「どうしたの」と聞かれたら、子どもも四歳ぐらいになると「脚の悪い小父さんに連れてかれた」と必ず言うだろう。「脚が悪い小父さん」というのは、その辺に何人もいるわけではないので、それでたちまち捕まってしまうだろう。それで迷いに迷っている。そのうち日が暮れてしまって、それでも決して殺したくない。そのときの心境というのは、はじめから殺すつもりというようなものではない。計画的とはいえない事件であった。

ところが警察が捜査上ミスをやった。紙幣の番号をちゃんと控えておかなかった。あるいは金を受渡しする場所を指定されていたのだから、警察官が早めに目立たないように近辺にいて、粘って監視していれば、現場で直ぐ捕まえられたはずである。それが、お金を取られた後に姿が消えて取り逃がしてしまった。それで、よほど敏捷な男だということになってしまったのだ。

新聞は、「敏捷でずるがしこい。だから警察の行き着く前に、あっという間に金を取っていった」と大々的に書いた。ところがそれは、とんでもない想像、推定で書かれたものだった。実際には、膝が直角に曲り脚を引きずって歩く人が、非常に素早く警察を出し抜くなどということはありえない。

警察の初動捜査のミスを隠すために、「ずるがしこくて敏捷な奴」といった、まったく違った犯人像を描いて情報操作をしたものだから、かえって捕まえるのが遅くなった。警察も、造りあげた犯人像で見込み捜査をしていたので、二年ぐらい犯人が見つからなかった。見つかってみたら、言われていた犯人像とはまったく違っていた。

法廷でも述べた。

そういう事件だから、こちらにも言い分がたくさんあった。その言い分を遠慮なく全部書いたし、法廷でも述べた。たとえば、眠り込んでしまった幼児の首を締める心の葛藤、自白に至る宗教上の動機など。けれども、後ろから大勢の女性、母親たちから睨みつけられているところでやると、非常に心理的に圧迫される。今だったらしぶとくなっているからいいが、当時はまだ弁護士として未熟だったので、必死でそれに耐えていた。そういう被告人の弁護人になると、悪役にされてしまう。しかし、悪役にされようとも、弁護を求めている人がいれば引き受けるのが弁護士なのだ。

ただし、一生懸命弁護するのだけれど、あのような状況の中で弁護をするのは非常にやりにくい。被告人は極悪非道ではなくて、追いこまれてやむにやまれぬ状況になって、幼児誘拐殺人という重大な罪を犯してしまった。そのことを情状として聞いてもらいたかったのだけれど、言えば言うほどみんなに反感を持たれて、何を今更弁解がましい、取って付けたようなことを言っているんだという話になる。

そうして、どんなに弁護しても、裁判所はなかなか受け入れてくれない。あれだけの傍聴人がいて、あれだけ新聞にも裁判長の名前から顔まで出ている。そういう環境で裁判長は被告人の情状を汲むような甘ったるい判決は書けない。

死刑判決が出た後、私はその日のうちに被害者の両親の家を訪ねた。立場上、私は犯人の弁護をしたけれど、お子さんは本当に気の毒なことでしたと、心から謝りながらお線香を上げた。

そのような弁護人の立場というものを充分に理解してもらえればいいのだが、だいたいはそうではない。弁護人根性というか、弁護士はやはり、被告人や被疑者の立場を理解していく必要がある。被告人が明らかに嘘を言っているとしたら、それをたしなめて、「君そんなことは通らないよ。潔く自分の悪い所は悪いとちゃんと言わないと、反省が足りないよ」と言う。嘘はダメだと、金網越しだけれども、被告人と弁護人だけのところで説得すればいい。見極めは難しいが、それでも「本当にやってないんだ」と言ったときには、それでは、ひとつ無罪の主張をしましょうということになる。

無罪か有罪かの極端な問題でも、情状のことでも、なぜこんなことになってしまったかという、その辺りも作り話は受け付けない。そうして、依頼人を守るために懸命になって動くのが弁護士の本来の姿なのだ。

騙されるのも弁護士

私は弁護士だから、物事をすべて法規に従い適正手続を守る。国連の憲章に定められた国際司法裁判所は、物事を解決するのに平和的手段で正々堂々と規則を守って、その規則の中で物事を解決する。こうした審理の方法を「デュー・プロセス・オブ・ロウ（Due Process of Law）」と言う。われわれは人権を守るときに、適正手続を守ることでやっている。裁判官とか検察官は、とかく「早く悪い奴を罰してしまえ」、手続なんかをすべて踏むのではなくて少し省略してもよいとする。「どうせ悪い奴なんだから早くやってしまえ」。そうしないと世間が飽き飽きしてしまう。国民がみんなうんざりする。早く国民の前で、悪い奴を葬り去れと言う。映画の西部劇などを見ると、悪い奴を捕まえた途端に、議論も何もしないで、適正手続を無視して裁判官が来る前に絞首してしまう。そういうことは二度と絶対許さないというのが、「デュー・プロセス・オブ・ロウ」だ。

これは、今の刑事訴訟法の原則ともなっている、長い間の知恵でもって世界的に作られた制度だ。その適正手続を絶対に守るというのが人権である。裁判官や検察官が早く手続を進めようと思っているのを前にして、「ちょっとそれは違うよ。それは間違っているだろう」「こういう証拠調べをやらずして何で断定できるのか」というのが、人権擁護の考え方である。しかし、そういう弁護士は、「お前、くどいこと言うんじゃないよ」と言われて罰せられる。そういうことがないように、われわれは、「デュー・プロセス・オブ・ロウ」を原則にして闘っている。

私は、一九七九年四月から一九八二年三月までの三年間、司法修習所で刑事弁護の教官をした。講義にはカリキュラムがあるから、必ず取り上げなくてはならない課題がある。その内容は教官の会議で決められるが、実際には時間がなくて大体全部話しきれないで終わる。私の講義では、むしろ私自身の弁護士経験のこと、失敗談などをいろいろと紹介した。修習生の勉強という点ではあまり役に立たなかったかも知れない。ただ、修習生のほうはしかつめらしく教科書に書かれていることを聴くより、失敗談とか、そちらのほうに興味を持つ。

一つ挙げると、国選で刑事弁護をした純情そうな青年がいた。それが泥棒ばかりやって、前にも捕まって執行猶予の判決を受けていた。その執行猶予中に、雇われていた店の主人のオートバイを持ちだして勝手に売り払って、そのまま飛び出してしまった。主人が怒って被害届を出したので彼は捕まった。執行猶予中だから次は原則として執行猶予にならない。それを何としても執行猶予にしようとした。

そこで、「私が面倒を見ます。東北のある県から東京に出て来たので、東京にいるとまたダメになるだろうから、責任を持って郷里に必ず返します。だから執行猶予に」と弁護した。そうしたら、よもや執行猶予はつかないだろうと思っていたのに、執行猶予となった。そこで、警察に預けさせられていた荷物を取りに行かせ、そのまま上野駅に連れて行った。郷里までの切符を私が買って当人に与え、弁当代を渡して、改札口で「しっかりやれ！　家に戻ったら着いたという葉書の一枚もくれよ！」と声をかけて見送った。

これでてっきり郷里に帰ったものと思っていたのに、一向に梨の礫だった。そこで、「おかしいなぁ」と思いながら母親のところに手紙を書いて送ってみると、母親の返事は、「もうあの子は息子でも何でもない。あんな子のことは構わないでほっといてくれ。もちろん実家には帰って来ていない」と言ってきた。きっと改札は通ったが、旅行を止めたとか言って切符を払い戻して、ドロンしてしまったのだろう。その後は分からないが、多分東京で暮らしているのだろう。

このように、こちらは心を尽くしても、依頼者から騙されることがある。しかし刑事弁護は、騙されたからといって、二度と刑事弁護などやるものかといった精神ではダメだ。騙されるのも弁護士なのだ。そのとき、自分がこのようにやっていくしかないと確信したことをやり抜くことが大切だ。

イソ弁時代の例の民事事件で事件のことをすっかり忘れて休止満了とされ、控訴取り下げ一審判決確定となった事件なども含めて、そうした失敗談を話した。また失敗談だけでなく、吉展ちゃん事件などの刑事弁護の実践体験を話した。

騙されたことを失敗というのではなく、騙されても自分が信じたことを貫くのが魂を持つ弁護士ではないだろうか。被害者から、また一般の人たちやマスコミから怨嗟を受けようと、被告人の弁護を引き受けたかぎりは、言うべきことは堂々と言う弁護士になって欲しいということを、これから司法界に飛び込もうとしている修習生たちに伝えたかった。

悪意ある弁護士懲戒申立てについて

最近、弁護士の弁護活動について、懲戒処分の申立てがなされることが多くなっている。いわば悪意ある意図をもって弁護士の懲戒を求める恣意的な動きが目立ってきている。

弁護士が職権を利用して人倫に触れる行為を行った場合、それは弁護士懲戒の対象となる。弁護士会による自治的な懲戒制度は、大切な制度である。けれども、弁護士の弁護活動について、はたして気にくわない弁護活動をするという理由で、弁護士を恣意的に懲戒していこうという傾向は、黙過されていいのだろうか。

最近、光市母子殺害事件について、テレビでよく知られている橋下徹弁護士が、被告人の弁護を引き受けている安田好弘弁護士らに対して、「あんな弁護士は懲戒処分にすべき」と、出演していたテレビのバラエティ番組で煽った。そのため、安田弁護士らに対して、懲戒の申立てが約四千件なされている。

橋下弁護士は多少ハンサムで、タレントとしてテレビで面白い台詞を吐くから人気があると言われている。その延長というか、大阪府知事選でもそうした人気で投票がされたということだろう。だがしかし、弁護士としてああいう軽率な発言をするのは決して許されない。

安田弁護士は、憎まれ役も平気で買って出る本当の弁護士だ。彼は、正々堂々と弁護士としての使命を背負って発言している。つまり、被告人の言い分を十分に検討したうえで、三人のしっかりした鑑定人から、鑑定書を出してもらっている。一見、ちょっと常識外れのように見える点でも、あの鑑定書を読むと納得できる。

それを安田弁護士らが作り事の主張をしていると見なして、被害者の気持ちを考えないひどい弁護士だとマスコミが騒ぎたてた。それに橋下弁護士が乗っかったというのだろうが、ああいう弁護士は懲戒したほうがいいなどとテレビでやったものだから、約四千件の懲戒申立てが弁護士会になされた。しかし、橋下弁護士や懲戒を申し立てた人たち、あるいはマスコミの記者たちが、鑑定書などを全部しっかり読んだうえでの結論ならまだしも、大半はそうではないだろう。

安田弁護士は、本当に気骨があって、弁護するのが厳しい事件を臆せず引き受ける。なかなか真似のできない、まさに弁護士中の弁護士といえる人であろう。弁護士なら、弁護士とはどのような存在なのかを自覚しているはずだと思う。それなのに、弁護士自身が、橋下氏のように、それを理解しているのかどうか疑問を持たざるをえないような発言をしているのは残念な話である。

裁判の判決にしても、裁判官が鑑定書や被告人の主張を全部しっかり読んで、それをきちんと検討材料にしてくれるといいが、果たしてどうなのか。裁判所も人気取りで、世論に反した判決は書きにくいというのが現状ではないか。近年は、世間が注目する事件では、裁判官の姿がテレビに写ったりする。裁判官は本来的に憎まれようとなんだろうと、正しく憲法と法律と良心に従って正義のための判断をしなければいけない。だが、裁判官も人の子というか、世間を気にして、それが判決に反映するとすれば、やはり、それは司法の独立に反している。


マスコミにも大きく報じられた朝鮮総連(在日朝鮮人総連合)の中央本部の土地と建物の売却をめぐって、検察当局が介入してきた事件で、私が朝鮮総連の代理人として関わったということで、不法行為があったかのように言われた。そういうことは何もなかった。ところが、朝鮮総連を弁護したことを理由にして、私に対する懲戒申立てが、三人の人から別々になされた。

三人から別々に懲戒申立てがなされたことから、綱紀委員会に行って、私なりに弁明をしたりしている。そうすると、綱紀委員会からは、こういうものを追加してほしいなどと言ってくるので、その資料を探して提出する。これは大変煩わしい仕事となる。

しかし、綱紀委員会が懲戒申立てをした人たちの意見を聞こうとしていついつに弁護士会に来てもらいたいと通知しても一向に出て来ない。申し立てた理由や懲戒の根拠を自分なりに堂々と言えばいいが、そうしない。いやしくも、人の運命を左右するような懲戒申立てをしておいて、自分なりの信念を披瀝すればいいのに、呼ばれても来ない。そういういい加減な無責任な態度に対して、甚だ疑問を感じざるをえない。そのために私は、どれだけ時間を費やされていることか。貴重な時間を無駄に消耗させられているというのは本当に情けない話だ。

しかも、三人から別々に来ているので、それぞれが別な申立てとして扱われる。原則として三回出頭しなければならない。それなら安田弁護士に対する四千人の申立てはどうなるのか。四千回出頭しなければならないのか。申立ては同じようなことを言っている。「安田さんは四千回呼ばれるのか」と聞くと、「あれは（同じ申立てなので）一回でいいのではないか」と言う。では、なぜ私の場合は、同じ内容であるのに一まとめにできないのか。

ようするに、朝鮮総連に味方をするとは何事かというのが根底にあるということだろう。どんな悪者であっても弁護するのが弁護士というものである。しかも朝鮮総連が悪者であるかどうか。確かに今の北朝鮮が嫌いな人は多いので、朝鮮総連に対してもなにかと圧力をかけようという動きは強い。しかし、理解を持っている人たちも少なくない。

罪もない在日朝鮮人を守るには大使館に相当する朝鮮総連の使用している土地建物を守る必要がある。事件の性格も、いわば朝鮮総連を潰してしまおうという、政治的な悪意があるものと言わざるをえず、そうした不当なものから朝鮮総連を救うために、まったく合法的に競売を回避した。これが違法に、不法行為によって競売逃れをするのであれば、執行妨害罪とか、架空売買による公正証書不実記載だとか言われるかもしれない。しかし、そういうことではなかった。本当に正当な売買をしたのに対して、なにか違法行為があるかのように検察当局が介入してきた。

私の立場に違法性はなく、最終的に検察でさえも私に対してはそういう理解をしている。それをことさら恣意的に懲戒申立てを弁護士会にしてくる。そうして、私に当事者として綱紀委員会に出てきて弁明しろと言うが、言うべきことは弁明書に書いてあるとおりで、書いてあることに疑問があるならいいけれど、内容をよく見れば、そもそも懲戒の対象となるようなものではない。弁護士の中にも朝鮮総連が大嫌いと言う人もいるけれども、だからといって、きわめて恣意的な申立てであっても、有無を言わせず懲戒されるというのなら、弁護士は本来なすべきことができないようになってしまう。それではいけないと思う。

第五章　司法の独立を棄ててはいけない

伊達判決と三権分立

サンフランシスコの対日講和によって、日本はアメリカのアジアにおける軍事体制（安全保障体制）に組みすることで、アメリカによる占領を解かれて、形だけ「独立」した。しかし、これは単独講和、片面講和であった。

サンフランシスコ対日講和条約は、日米安保条約と一体で結ばれた。吉田内閣は、アメリカによる沖縄の分離支配を受け入れ、日本全土に米軍の駐留を認めた。そして、米軍基地や演習場の確保、拡張のために、農民から農地や入会地を取り上げたり、漁民から漁場を取り上げたりした。

これに対して、再軍備・戦争反対、平和憲法を守れという民衆の声と農地や漁場を取り上げられる農民や漁民の怒りとが一つになって、内灘、妙義山、日本原、北富士など全国各地で基地反対闘争が起こった。

耳をつんざく米軍機の轟音の下で座り込みをする支援の労組員・学生（砂川事件）

米軍立川基地の拡張反対闘争では、一九五七年七月八日、基地拡張の強制測量が強行され、反対する学生・労組員と警官隊が激突、デモ隊が米軍立川基地に突入したことで多数が逮捕され、七人が起訴された。

この砂川事件裁判の第一審で、東京地裁の伊達秋雄裁判長は、一九五九年三月三十日に、日米安保条約に基づく米軍の駐留は、自衛のための戦力を含め一切の戦力を持たないとした憲法九条と前文の平和主義に違反すると断じた判決を出し、被告人の無罪を言い渡した。有名な伊達判決だ。

旧制静岡高校の大先輩でもあるので、伊達さんが弁護士になった後、ときどきお酒を飲む間柄になった。理論家というより、非常に豪快な人だった。

伊達さんは、砂川事件で違憲判決を出したことについて、「明らかに憲法違反なのだから他に判決の書きようがないでしょう。もうちょっとかっこよくスマートにやりたかったけれど、どうしたって憲法違反以外の判決は書けないじゃないか」と一人で息巻いていた。「できることならもっと要領の良い判決を書けばよかったのかも知れないけれど、そうもいかないんだ。どう見ても憲法違反なんだから」と言い切っていた。そういう豪快で破天荒な人だから、伊達さんは砂川事件の違憲判決をしたことで裁判所に居にくくなって、裁判官を辞めてしまった。

検察側は、この伊達判決に対して、高等裁判所に控訴しないでいきなり最高裁の判断を仰ぐという、通常のルール、原則を無視する跳躍上告という手段に出た。このため、控訴審で被告人側が自己に有利な主張を十分に行う機会が奪われ、事実審理についてもさらに深めていくということができなくなった。そして、最高裁は、「憲法が保持を禁じているのは、我が国が主体となって指揮管理する戦力であって、外国の軍隊は我が国に駐留していても、それは戦力にあたらない」という逆転有罪判決を出した。この判決内容は、前に触れた吉田見解と同じ主旨だった。

この最高裁判決によって砂川事件は違憲判断の伊達判決を覆して確定されてしまった。米軍の駐留は合法化され、自衛隊も次第に容認されてくる。「自衛隊は憲法に違反するか」という点については、「憲法判断することは最高裁判所としては遠慮します」となる。なぜか。これは高度の政治性をもった統治行為というものに当たり、だから「最高裁判所は高度の政治問題には触れません」と言う。

そうなると、司法というのはいったい何かということが根本的に問われる。裁判所が、遠慮なく政治・行政の違法性をチェックしたり、国会内部の内規には干渉しないけれども、国会で決めた法律でも憲法に違反したらそれを正すというのが、三権分立における司法の一番輝かしいところである。ところが最高裁は、統治行為については、高度な政治性を持つから司法が関与する問題じゃない、と裁判所自身が遠慮してしまう。

これは司法が自身に枠をはめて、三権分立の権利を司法自らが放棄することにほかならない。司法は非常にだらしない。行政に対するチェックがなっていないのではないか。本当はそういうところこそ、司法改革で直さなければいけない。今、行政事件で政府が勝つ率は九十何パーセント、民間が勝つ率はほんの数パーセントである。ドイツと逆で、ドイツは六十何パーセント民間が勝っている。

今日、日本では、三権分立は実態として無いに等しいようになってきている。裁判所は、結局のところ、ほとんど政府の言いなりになっている。最高裁たるものは、独立して遠慮なく、政府の方針に逆らうような内容であっても判決を出すのが本来の姿である。

戦後補償をめぐる裁判でも、国際的に様々な批判をされていることを考えれば、なおさら被害者の救済、加害の賠償をしなければならなくなっている。また、そうした批判を待つまでもなく正義のための判決を書けばよい。被害者たちを勝たせるための法律論のほうが有力である。理屈で答えれば、勝たせるほうの理屈が充分成り立つし、負けさせるほうの理屈のほうが苦しい。ところが古めかしい、きわめて弱くなった法律論を使ってまで原告を負かす。結局最高裁は、政府と同じ立場で判決を書いたほうが無難だということなのだ。

そういう意味で、今の裁判所自体が最高裁から下級裁判所まで腐ってきている。その中で良心的な立場を堅持しようという判事は、裁判所の中で抑えられてしまう。そうすると違憲判決を出すことを臆してしまう。いくら建て前で三権分立といっても、実際のところは、三権分立でも何でもなくなっているのが、今日の司法の現実である。

児島惟謙

一八九一年(明治二四年)にロシアの皇太子が日本に来たときに、日本の警察官の一人が斬りつけるという事件(大津事件)が起きた。「とんでもないことをしてくれた」「国交条約も、外交政策もきわめて深刻となる問題を起こしてくれた」。そのときの政府の反応も世論もそのようなものだった。そして、こんな失礼なことをやってしまったのだから犯人を死刑にしろ、そうでないとロシアに申し開きができないと、盛んに騒ぎたてた。

当時の刑法では、皇室に対して危害を加えたり、加えようとした者は例外なく死刑であった。それ以外、無期懲役とかそういう選択肢はない。ただし、それは日本の皇室についての規定で、外国の皇室についての規定は何もない。しかし、ロシアの皇室も日本の皇室も同じレベルなんだから、刑法の解釈として死刑にすべきだというのが世論であり、時の政府の方針であった。それにロシアのほうもけしからんと言っていた。

それを、大審院長だった児島惟謙が、法がそうなっていない以上、死刑とするために、刑法を拡大解釈することは絶対に許されないと、まさに法と自己の信念に従って無期懲役の判決をした。それに対して轟々と非難が起きたが、今の最高裁に当たる大審院は、政治的な配慮などする必要はない、法の解釈はこれしかないと頑張り抜いた。

このことを法学部の教授であれ、学生であれ、美談として称える。司法権の独立、司法の独立を言うとき、児島惟謙を見習えというのは、法学を学んでいる人たちの常識である。ところが、その児島惟謙を見習えと言っている大本である最高裁は、今では、ほとんど政府を守る判決しかやっていないのが実状だ。まさに国策司法である。

私はこの間の正月（二〇〇八年）、日弁連の新年会で乾杯の音頭を取らされた。そこには最高裁長官や検事総長、法務大臣も来ていた。はじめの挨拶が全部終って、これから酒宴に入るというとき、乾杯の音頭を、元日弁連の会長だからやってくれと言う。きっと出席している人の中で、私が一番年が上で古いというので指名されたのだろう。私は、ここぞとばかり、

「以前から法曹三者の協力ということがさかんに言われている。立場は違っても、結果的にこの三者が協力しなければ日本の司法はうまくいかないというのは、そのとおりだと思う。立場が違っても、協力すべきことがあれば協力し合うことは大いに結構だ。

本来なら、弁護士は弁護士の立場があり、検察官は検察官の立場があり、裁判官は裁判官の判決をする立場がある。では、何のための協力なのか？　司法の独立のためではないか。国策司法などとい

うものであっては困る。

かの明治二十四年の児島惟謙は、そのときの政治情勢であれ外交上の配慮であれ、いろいろあったが、しかし法の解釈は曲げられないとした。それで立派に司法の独立を貫いたではないか。司法の独立のための協力はいいが、それを歪めた形での協力というのは、決して許してはいけない。国策司法なんて絶対許してはいけません」

こう言ったところで、「では、司法の独立のために乾杯!」

最高裁長官とか、みんなにこりともせずに聞いていた。乾杯の音頭をとって演壇を降りていってもみんなそっぽを向く。しかし内心、少しでも現状を考えなおしてくれたならば、多少は効果があったということだろう。

どうして違憲判決を出すのを臆するのか

裁判官というのは、正しい判断をすることが当然の任務である。憲法七十六条で定めるとおり、あくまでも憲法と法律と良心に従って判断をすればよい。だが、現実の裁判官は、やはりサラリーマンであり、どうしても出世ということなどに頭がいってしまう。

自分と一緒に司法試験を受け、裁判官に任命された人たちも、みな家族を抱えている。「誰々さんは今、東京の裁判所に行ってますよ。あなたはいったい何なの。こんな地方の裁判官で……。早く東京に出られないの」などと奥さんに言われる。

というのは、裁判官は、最高裁判所で人事権を握っている事務総局の言いなりにならないで、憲法を守ろうとして、憲法違反の疑いのある法律にちょっとでも違憲の判決を出そうものなら、まず出世ができない。

出世しようと思うなら、おとなしくしていなければ、まず無理である。憲法、法律、良心。これが裁判官の依拠すべきものだが、良心はあっても勇気がない。裁判官といえども人の子である。家族まで不幸にするわけにはいかない。誰しも左遷されるのは嫌う。また、左遷されなくても、出世が遅れるのも困る。

だから、今のような最高裁判所のシステムでは、残念ながら、本来憲法で決められたとおりの裁判官独立の姿は失われている。それはなぜか。最高裁の事務総局というのは完全な官僚組織である。行政官僚よりも、「司法官僚のほうがより官僚的である。したがって、今の裁判官には、個々の独立などというものが、ますますなくなってきているのが現状である。肥大化し、権力化した最高裁事務総局は恥ずべきであろう。

裁判所から見る司法改革とは、裁判官の独立を取り戻すことである。弁護士ばかりが増えて、裁判官が少しも増えないというのでは、裁判が粗雑になり、きわめてお粗末なものとなってしまう。そうすると勝てる裁判が負ける。負ける裁判が勝つ、ということになりかねない。また、人権侵害や冤罪の判決を生み出す要因になってしまう。

機能していない裁判

人権から程遠い司法のあり方、それから長い裁判が恒常化している。単に長いだけの裁判は訴訟をしようという人にとっては苦痛となり、いろいろな面で問題が起こる。それは、民事でも刑事でも同じことである。

刑事裁判でも早く裁いてもらいたい人もいるだろう。けれども、やはり真実を追求してもらいたいというのが本意であろう。多少長くなっても構わない。まさに拙速な裁判で誤った判断や冤罪を生んではならない。

ところが、刑事裁判になると、とにかく速くやろうとする。「司法は速いほど芳しい」という諺もある。確かに長々と続く裁判というのは問題がある。しかし速ければいいというものではない。「速い裁判」ということで、真実を明かさないままに裁判が終わってしまうというのでは、やはりダメである。

普通の刑事裁判では、「もう少し時間をかけて証人をたくさん呼んで、真相をハッキリしてくれ」と言っても、裁判官は「必要なし」と言ってポーンと蹴ってしまう。そしてアッという間に死刑や重刑が決まったりする。そのような例はいくらでもある。

だから、裁判というものが、今いかに機能していないか、ということを真剣に考える必要がある。

裁判官がいかに少ないか。弁護士会が大蔵省と交渉して、もっと裁判所の予算を増やしてくれ、裁判官を増やしてくれと要求しているのに、裁判官はあまり増えない。弁護士ばかり増やしている。

弁護士ばかり増やしてしまうと、これまで述べたように、良心的な弁護をやっていては食えなくなる。そうなると、食うためということで、法律の知識を悪知恵として使い、悪いことをする弁護士も出てこないではない。諸刃の剣と言うように、法律の知識はいい方向にも使えるし悪い方向にも使える。法律の知識を悪い方向に使ったら危険である。

本当に今の司法は情けない状況である。人権からほど遠い司法になっている。裁判所が適正手続を守り、それを実行するのが裁判官である。しかし、この適正手続、デュー・プロセス・オブ・ロウということを貫こうとすると、裁判が遅いと言われる。しかし、適正手続を踏まずに裁判を進めることは許されない。問題は裁判官が少ないことにあるのだから、司法の質を下げることなく、裁判官を増やし検察官も増やして、どんどんやればいい。少ない裁判官で無理にやるから、適正手続を踏まずに権力的にならざるをえない。

逆に長々とやりすぎて、十年も経ってから結論が出されるのでは、遅くなって裁判の意味がなくなってしまうことがある。たとえば、「不法占有の不動産を明渡してくれ」と言うと、きちんと証拠調べを進めればいいのに、裁判所は「この事件をやっているとこんなにかかりますよ。場合によっては十年かかりますよ」、「明渡を受けるのに十年かかるぐらいなら、今先方が要求している不当な明渡料の半額でも支払って、手を打ったらどうですか」と勧める。裁判官が自ら、「日本の裁判は長い。だから意地を張らずにこのへんで我慢して和解したら」と正義を切り崩している。裁判所は正義を行う場所であるはずなのに、事件処理を急ぐことを自己目的化してしまって、裁判官自らが、裁判が長いことを強調して、正義を半分にして和解を強いる。裁判官が不足していることからくる深刻な問題である。

しかも官僚制。本来、裁判官の人事権は、裁判官同士が裁判官会議を行うというのが建前で、それで裁判官の人事を決定するのが本当の姿のはずである。ところが裁判官の人事は、上から下まで全部最高裁判所の事務総局が握っている。「どうして違憲判決を出すのを臆するのか」のところでも述べたが、今日の状況では、ちょっとでも勇敢な裁判官、ちょっとでも最高裁の判例に従わないで変わった判決を出す裁判官は、絶対に出世できない。良心と勇気を持った裁判官が、思い切った正義の判決を出すと、その人は飛ばされてしまって、偉くなれない。失礼を承知であえて言わせてもらうと、ほとんどの裁判官が、左遷恐怖症とか出世志向になっている。

国家予算という点でも裁判所の予算はほとんど増えない。司法予算は、国家予算の百分の〇・四パーセント以下となっている。「三権分立」を維持する司法の予算ということで、国家予算の一パーセントちょっとであったものが、今は半分以下になってしまっている。裁判所の経費をもっと増やして二、三倍にしてくれと言っても、「いや、それは大蔵省がうんと言わない」と事務総局は言う。そこで大蔵省とわれわれ弁護士会がかけあう。大蔵大臣であろうと次官であろうと、どんどん弁護士会が行って、司法予算を増やせと言えばよい。裁判所は三権分立の本質から政治家を動かすわけにはいかないが、弁護士であれば国会に働きかけ、国会議員を動かすのも可能だ。司法予算を増やすことは、裁判官の増員や、裁判の充実という司法改革を進めるのに必要なはずだが、最高裁は余計なことをしないでくれという態度をとっていて、それも頓挫してしまった。結局増えたのは弁護士だけだった。

人質司法化する刑事裁判

この頃の刑事裁判は、人質司法という状況にどんどんなってきている。被告人が「自分はやってません」と言った途端に、裁判が続く限りずっと、身体の釈放がされず勾留されたままになる。無罪の推定と言うくらいだから、本来は自由にして裁判を堂々とやらなくてはいけない。ところが、今日ではちょっと逆らう被告人に対しては、検察側が「証拠隠滅の虞れあり」とする。なぜかというと、「無罪を主張しているから」「無罪のための証拠を集めて歩き廻っているから」というのである。本来、被告人にも自己に有利な証拠を集めたり、自己を防御することは憲法でも保障されている。しかし、裁判所は、このような検察の違法なやり方を認めてしまう。

「自分は悪うございました」と言った被告人は出す。ところが「私は無罪だ」と言うとなかなか出さない。今も被告人を十五年くらい外に出さないままでやっている裁判がある。では、その裁判で問われている刑は何年くらいなのかというと、五年くらいである。五年くらいの刑罰で無罪か有罪かを争う裁判で、十五年も拘束して「裁判が長引くのは弁護人が争うからいけない」と言う。そういうめちゃくちゃなことが刑事裁判で起きている。

それから検察側には、国の費用で、権力を使って強制的に集めた証拠がたくさんある。その中には被告人にとって有利な証拠もたくさんある。ところが無罪証拠は開示しないでみんな隠してしまう。被告人側は、無罪証拠を探すにも、弁護士が足で歩き廻っても、権力もなければ金もない。向こうはガサ入れと言って強制捜査をやって、どんどん押収する。向こうが持っているものを全部見せてくれるなら、被告人に有利な証拠がきっとあるはずなのに、それを見せてくれない。

最近、冤罪事件がよく問題になっているが、刑事裁判での人質司法化や証拠の不開示ということが、冤罪を生む大きな要因の一つとなっている。これは何とかして改められなければならない。

冤罪を生む密室裁判や「仇討ち」量刑の危険性を増す裁判員制度

今、導入を目前にしている裁判員制度というのは、根本は官僚裁判制度である。国民の司法参加という美名の下に、官僚裁判官を擁護するために国民を利用するだけのものでしかない。陪審員制度などとはまったく違って、真の意味の国民の司法参加とはほど遠い。

冤罪を何とか防がなければいけないというのが、刑事訴訟法の基本的な理念としてある。しかし、今進められている裁判員制度は、むしろますます冤罪を生む危険性が大きい。とくに量刑までも裁判員の意見を取り入れるとなると、やはり結果的には被害者側の感情に支配され、仇討ち的考え方に走って量刑も重くなるだろう。

裁判官の恣意的なリードに対して、それに屈しないで、自分の意見を信念をもって最後まで貫くことができるという裁判員が、今の日本の社会状況からしっかり出てくるとはとうてい期待できない。そうすると、裁判員は単に利用されるだけの人形にすぎないということになってしまう。そういう意味で裁判員制度に対しては強く反対せざるをえない。

裁判員が関わる事案は重罪に関わる事件となるので、事案の内容は複雑になる。なるべく裁判員の負担を少なくすると言われているが、裁判員の参加する法廷場面を短くするために、集中審理とならざるをえない。

この集中審理をするための準備の手続を、公判前整理手続と言うが、これは裁判官と弁護士と検察官だけのやりとりの中で進められていく。一般公開はもちろんないし、裁判員も参加しない。そこでほとんどの方針が決められてしまう。そこは密室だから、裁判官の訴訟指揮が圧倒的に強くなされるのは疑いない。

公開法廷では傍聴人がいるから、傍聴人の前で裁判官が我説を通すということをあまり露骨にはやれない。けれども密室だと、最終的には裁判官の指揮のままに大事な問題が決定されてしまう。何を証拠にするか、誰を証人にするか。とくに密室で作られた供述調書を採用するかしないかとか。そういったことについて、被告人の利益のための弁護人の意見が、いっそう通りにくくなるのは避けられない。

公開の法廷では、傍聴人も聞いている前で審理が行われることによって、裁判官があまり勝手な訴訟指揮をすることができない。また検察官も国家権力を振りかざして圧力を加えることがしづらい。適正な手続で裁判が進められているかどうかを、直接に確かめることができる。公開の法廷というのは、そのような意義がある。ところが、裁判員制度の導入を機に新しく採用された公判前整理手続は密室なので、とくに弁護士があまりにも食い下がりすぎると、審理の妨害であるとして、裁判官が弁護士の懲戒を申し入れるということが起きる可能性が強まる。

そういう状況になれば、弁護士は常に懲戒という脅しの下に、裁判官の横暴な訴訟指揮にも従わざるをえない結果になるのではないか。そして、すでに裁判員制度が実施される前に、あらかじめ刑事訴訟法を改正してしまっていて、公判前整理手続は現に実施されてしまっている。基本的人権を守ることを根幹にしている刑事訴訟が、本来の姿からますます遠のいている。刑事訴訟制度の問題点は一向に改善されないまま、むしろ司法改革と称して、憲法の基本的人権に背く、悪い制度がどんどん入れられている。

そのことについて、多くの刑事裁判を行っている弁護士が批判をしているし、その問題点を常に指摘している。しかし、日弁連の執行部を担当する弁護士の中には、刑事裁判を一度もやっていない人もいる。もっぱら企業の顧問とか、企業の立場で平素の弁護活動、弁護士としての職業活動をしている人たちが、非常に大きな発言力を持っている。刑事裁判の悲惨な現状について深刻に痛憤を覚えている執行部の人が少ないのは、誠に残念である。このような弁護士会の現状もまた、憂うべき状態と言わざるをえない。

第六章　なぜ弁護士自治でなければならないか

弁護士会強制加入の本質的意義

弁護士は、弁護士会に入らなければ弁護士でいられない。弁護士会への強制加入が法律の制度となっていて、弁護士会を除名されると合法的な弁護士活動はできなくなる。

なぜ強制加入なのかというと、弁護士は、人権を守るために国家権力と闘わなくてはならないときがある。国家権力と立ち向かうときに、国家権力から監督され干渉されているのでは、自主的自治的に弁護活動はできない。国家権力の監督を受けずに闘うためには、弁護士は自らを律する必要があり、弁護士会は自治を確立して弁護士を監督する。そうして、弁護士がルールに反したり、品位を損なったときには、勧告をしたり懲戒処分にする。

しかしながら、弁護士の品位を損なうとされることの中には、被告人の利益を守るために、法廷で真っ向から裁判官とやり合ったり、検察官とやり合ったりする場面もある。かつて戦争中は、平和の

日弁連会長時代の筆者（1994年4月～1996年3月）

ため、思想のため、信念のため、国家権力と真剣に闘った弁護士は、たちまち国家の名において「裁判所を冒とくしたので懲戒する」となった。弁護士自治が冒されると、弁護士の使命である社会正義を貫くこと、人権の擁護を第一にしていくことが困難となるのである。

戦争中に、それを痛いほど十分に経験している弁護士会は、今度こそ自治を勝ちとろうと、敗戦後の民主主義の流れの中で議員立法をもって弁護士法を制定し、弁護士自治をつくりあげた。だから、他の職業はすべて役所の監督を受けているのに、弁護士だけは裁判所からも法務省からも絶対に監督されない、という特別な扱いを受けている。

これは決して、われわれ弁護士の独りよがりのものではなくて、自分たちの使命を真剣に果たそうとすればするほど、弁護士の自治というものが必要なのである。

それをとかく、弁護士会は強制加入団体なのだから、様々な考え、いろいろな種類の弁護士が入ってくるのはやむをえない。そうなると日弁連会長が、会員たちを自己の信念で引っぱっていこうということ自体が、おこがましいことだという言い方がされるようになる。

会員全体のコンセンサスができ上がるまでは、自分としては一方に偏した発言はしたくないとか、リーダーシップを発揮しろと言っても、会員全体のコンセンサスが必要だとか言う。そして、コンセンサスができ上がればそれをもとに、さらに進めるのはいいけれども、自分の考えを会員に押し付けるようなことはできませんと言う。

これは一見もっともらしく見えるが、実のところ言い訳ではなかろうか。これでは、つまるところ成り行きに任せてしまう無責任な執行部となってしまう。では、何のために大変な選挙活動をしてまで会長になろうとするのか。何のためにリーダーシップを発揮しようとするのか。日弁連会長というものは、自己の理念と目標を持って、それによって弁護士会をリードすることが職務であろう。自分が公約を掲げて当選した以上は、そのもとにどんどん会員を引っ張っていく。むしろコンセンサスを自らが形作っていくのが会長の役目ではないかと思う。

「そんな消極的で受身な姿勢では、会長は務まらないじゃないか」と、私の後の会長にときには苦言を呈したいときがあるのだが、「姑根性」と言われそうだ。だが、このままだと体制順応型の会長が次々と選出されてしまう。政府あるいは最高裁の言うがままの、あるいは企業の発言に左右されて財界の動きに右顧左眄する体制順応型弁護士の会ができ上がってしまう。今また戦争準備に入りつつあるような現状で、このままだとまたまた性懲りもなく大政翼賛の報国弁護士会が再現してしまうのではないかと、私はそれをものすごく憂える。

戦前の弁護士会の活動をみると、次のようなことをしている。一九三三（昭和八）年五月一日には、「全国弁護士による兵器献納献金募集」が始められた。軍隊の使う武器を寄付しようと寄付金を募集した。それから一九三七（昭和一二）年八月九日、第二東京弁護士会は、「皇軍慰問会一円献金」を会員に呼びかけ、今で言えばだいたい七百五十万円くらい集めている。また、同じ年の十二月十三日には「南京陥落祝賀会」を弁護士会がやった。南京虐殺、南京レイプが起きている最中に、中国の首都を占領したとして日本中が沸きたったが、弁護士会は率先して「祝賀」をしてしまった。

それから一九四二（昭和一七）年には、戦時立法五法案に弁護士会が全会一致で賛成している。その中には「裁判を迅速にしろ」という司法関係の法律もあった。戦争には迅速裁判が不可欠なのだ。一九四四（昭和一九）年二月十七日には「大日本弁護士報国会」が結成され、弁護士は組織的に戦争推進に協力していった。このような道を再び歩むことがあってはならない。

国民の先頭に立って戦争反対を叫んでいる全員加盟の団体は、弁護士会しかない。戦争反対を掲げる団体は他にもあるけれども、強制加入の弁護士会が戦争反対を叫ぶことができるのは、自治が保障されているからにほかならない。くどいようだが、くり返して言うと、国家権力とも対立する場面が多い弁護士を守るためには、弁護士会の自治によって弁護士の活動への国家権力の干渉を取り除くことが必要なのである。自治がなければ、国家権力に対抗することは困難であり、また、自治であるためには弁護士は強制加入でなければならない。弁護士会から外れた弁護士がいたのでは自治が成り立たないし、監督ができない。この制度の原理原則はきわめて明快な真理ではないだろうか。

そういう意味での強制加入であることを履き違えて、逆に強制加入だからいろいろな考えがあってもいい、人権の擁護などということに関心がなくてもいい、戦争反対や人権擁護でしばりをかける弁護士会活動など大嫌いだとか言う人もいる。しかし、そのようなことが許容されてよいということにはならない。弁護士となった以上、法律の規定を待つまでもなく、その使命を守るのは義務であり、そのために弁護士会に入るのである。

弁護士の使命が分からない人は、本来なら弁護士会から出てもらうしかない。「強制加入だからいいんじゃないか」「いろんな弁護士がいても仕方がないじゃないか」という、転倒したおかしな論理が幅をきかせている。弁護士会のシンポジウムであれ、総会であれ、大勢で議論する場面では、「強制加入ですから仕方ないのです」というような言い方がよくされるけれども、これでは何のための強制加入なのかということを忘れていると言わざるをえない。人権を守るための強制加入ということをまったく忘れたところで、もっともらしい説明がなされているのは、実に嘆かわしいことである。

弁護士自治を奪う司法改革

私は第二東京弁護士会に所属し、人権委員会とか、刑法改悪問題、少年法改悪反対とか、それから司法問題委員会——いま進められているような危険な司法改革でなくて、本来の司法改革について検討してきた委員会——に一弁護士として係わってきた。

法務省と裁判所と弁護士会の三者協議会というのができたとき、その協議にも参加した。テーマは、弁護人抜き裁判の問題であった。弁護人抜き裁判というのは、裁判官による強圧的な訴訟指揮に対して、懸命に抵抗する弁護人が退廷させられたり、審理をボイコットしたりして、法廷に弁護人が不在となった場合にも審理を続けることができるという法律を作る動きである。このとき、私は、弁護人抜き裁判の強行を阻止するために、ある程度の妥協をすることに同意してしまった。これが現在まで尾を引いている。

日弁連は、以前は懲戒委員会や綱紀委員会のメンバーに学者、裁判官、検察官の委員を、三人くらいしか入れていなかった。それを、弁護士会の改革として、弁護士のメンバーが一人か二人多いけれども、学者、裁判官、検察官を増やして入れるような妥協をしてしまった。

三者協議会の当時、私は妥協せざるをえなかったが、けれどもこれは失敗だった。あのとき、仮にとんでもない法律ができても、強権的な訴訟指揮の悪弊をさらに追及したほうが良かったのではないかという批判的な意見も後から出された。しかし、果たしてそういう状況がもたらされたかどうか。よりいっそう強力な法律ができてしまって、次々と弁護士が懲戒されるということになったかもしれない。どちらになったかは、今でも何とも言えない。だが、はっきりしていることは、妥協は良くないということだ。

司法改革というのは、はじめは良いものに見えた。だが、後になって、司法改革が具体化し、実態が明らかになるにしたがって、当初の目的からだんだんはずれてきて、おかしなものになってきた。

弁護士自治を第一にしている弁護士会なんてうるさくてしょうがない。何かあったらすぐ弁護士自治を楯に食ってかかる。たとえば今のような戦争準備体制になると、これに抵抗して弁護士会はよく声明を出したり、総会を開いて決議を上げたり、何でも反対する生意気な団体のように言われる。だから弁護士から自治を取り上げるという方向に向き始めている。

これに対して日弁連が弱腰になり始めていて、自治原則を自ら放棄するようなことになってきている。

今の司法改革というのは弁護士を一気に増やす考えである。だが、一気に増やせば、粗雑な人もいれば、競争が激しくなって食べられない人も出てくる。食べられなければ苦し紛れに何かおかしなことをする。するとたちまち懲戒の対象になって、どんどん懲戒してしまえばいいということになる。そのとき弁護士同士の審判に任せられない。したがって民間人が入って、悪い弁護士を懲戒するという方向に進んでしまうことになる。そうなると、弁護士は、年中周囲を見て自己規制しながら仕事をしなければならなくなる。

しかも、先ほど述べたように、弁護士の人数だけが増えていくとすると生活に余裕がなくなるわけで、採算に合わない事件は引き受けなくなってしまう。私などは、多少のゆとりがあるから、採算に合わない事件でも弁護士の当然の使命として引き受けるけれども、これが食うや食わずになると、採算に合わない事件はやらなくなる。ましてや、人権にかかわる問題は往々にして難しい事件となるので、そうした事件に関わるどころではなくなってしまう。弁護士の使命がおろそかにされがちな状況になってきた。

だから司法改革の現状を見ると、本当に、困った方向に行ってしまったなぁと痛感する。

司法制度改革審議会の委員の中には、市民の代表が加わっているとされる。市民の声を聞くというのは良いことだ。けれども、この場合の市民の実体はいったい何なのか。

結局発言権の強い人の声に影響されるのが現実である。本当に庶民派というか、良心的に一生懸命、真面目に働いている人の多くは、発言力も発言権もほとんどない。たまたま雄弁であっても、その雄弁はどこにも届かない。周囲五〜六人は聞いているかもしれないが、決してマスコミに載るわけではない。

したがって、市民というのは発言力のある有力な市民を指すことになる。ようするに、市民といっても括弧つき市民なのだ。「市民」とは言うものの、本当に救済を必要とする庶民の代表ではなくて、保守党と結びついた企業の代表であったり、あるいは企業の代弁者とか、何のことはない「支配者の

日弁連新会長
土屋公献氏に

土屋　公献氏

日本弁護士連合会の会長選挙が四日行われ、第二東京弁護士会所属の土屋公献氏が、同会所属の川上義隆氏に約千八百票の差をつけ当選した。十二日の選挙管理委員会で、第四十代会長に正式決定する。（3面に単位会別得票数）

今回の選挙を通し土屋氏は「市民の視点に立った、在野精神に原点を置いた司法改革」を提唱。当面する法律扶助制度改革、民事訴訟改善などに市民の声を強く反映をしていく考えを打ち出しており、五年目を迎える弁護士会の司法改革運動に、こうした新会長の姿勢がどこまでいかされていくかが注目を集めそうだ。

選挙の投票総数は一万一千八百二十八票で、得票は土屋氏六千六百六十五票、川上氏四千八百十三票、無効票・白票が三百五十票。取得単位会数は土屋氏四十八、川上氏が四。投票率は七九・七％で、昭和五十年の日弁連直接選挙制導入後、五番目と、まずまずの数値だった。

土屋公献氏　昭和二十七年東大法卒。三十二年司法試験合格。三十五年司法修習終了（十二期）。司法研修所刑弁教官、第二東弁会長、日弁連副会長など歴任。平成四年四月から同司法改革推進副本部長。東京都出身。七十歳。

実績で説得力
地固めリード

〈解説〉両候補同様の政策を掲げ、「争点のみえない選挙」といわれた今回の選挙。土屋氏の勝因は何だったのか。

ともに司法改革路線継承を打ち出しているものの、この点では同改革の火付け役・中坊公平氏の会長時代の副会長で、現在まで司法改革推進副本部長を務めていた土屋氏に実績として、説得力があった点は否めない。

また「在野性」を強く打ち出していた土屋氏に対し、川上氏は「法曹三者の対話・協力」の姿勢を示した。これが昭和六十三年の会長選で第一東弁所属の佐藤庄市郎候補が打ち出し、「日弁連の諸活動に停滞をもたらす」と批判され、同候補の大きな敗因ともなった「自制と限界論」（本紙868号）に結び付けられたのも、川上氏にはマイナスとなった。

川上陣営では「土屋陣営の選挙工作」と真っ向から否定してきたが、早くから出馬の意向を明らかにしながら、昨年出馬を断念した第一東弁の岡村勲氏のあとを継ぐ形で、川上氏が出馬したことが、「佐藤―岡村―川上」という形で、イメージ的に重さね合わされてしまった面もある。

川上氏側としては、出遅れも大きかった。前述した形で川上氏が出馬の意向を固めたのが昨年六月。一説では土屋氏側は一昨年十二月から、選挙に向けた〝地固め〟を開始していたともいわれ、選挙戦では既に土屋氏側が全国的に敷いた支持層を川上氏側が崩しにかかる形になった。

土屋氏側に革新的弁護士がネット化して支援するスタイルとなったことから、先の選挙で佐藤候補に対抗し当選した藤井英男氏の手法になぞらえる向きもあり、この点でも「六十三年選挙の再現」との見方もあった。

しかし、土屋陣営にとっては決して楽な勝ち戦ではなかった。地方会からの事務次長選任などの提言や、「官側との対決色だけでなく対話を」という川上氏のある種の「現実論」がそれなりに会員に浸透。終盤戦、相当な追い上げをみせたからだ。ある土屋陣営の参謀は「今回の当選は辛勝」と語ったという。

前述したようなイメージ面でのマイナスと、決定的な出遅れというハンディの中で、川上氏の「現実論」がどこまで会員にいきわたり、判断材料になり得たかという点では、川上氏側には惜しまれる選挙であったともいえよう。

法律新聞 1132 号
（1994 年 2 月 11 日）

代弁者である市民」だ。そのような人たちの要望が市民の代表の声とされてしまうと、司法は人権からほど遠いものになってしまう。

また、そういう企業の代表みたいな人たちは、弁護士を使い捨てにしたい。要は弁護士を安く顧問にしたり社員にしたり、企業内弁護士というか、なるべく優秀な弁護士を企業で採用して、他の弁護士はもう、いくら落ちこぼれてもいい。弁護士が続けられなくなっても、それは今日の自由競争社会の弱肉強食の原理だから仕方がないと言う。

現に弁護士の中にも、とにかく競争は良いことだ、市場原理が通用するほうが良いと堂々と公言してきた人がいる。そういう傾向の弁護士が今最高裁に裁判官として入ってしまっている。だから最高裁は政府に迎合的な判決や企業利益を優先する判決を出す傾向にある。

弁護士が足りないからもっと増やしてくれ、隣にも弁護士がいてくれたほうが便利だから増やしてくれと言う。そんなことを言うなら、隣に医者がいてくれたほうがもっと便利だが、しかし、その医者がヤブ医者だったらどうするのか?

隣に良い弁護士がいたらいいが、悪いことばかりしていて、ちっとも頼りにならない。本当に食うために精一杯となれば、少ない報酬の事件では儲からないということで、弱い人の味方をする暇がなくなってしまう。かえって貧乏な人は弁護士に相談するお金すら出せないで、泣き寝入りすることになりかねない。もちろん採算を度外視して、弁護士魂に燃えている弁護士もいる。しかし、そんな事件はやってられませんというように、弱い人の助けにならない弁護士が多く出てくるのは避けられない。

私は、名古屋でやった司法シンポジウムで、失言と言えば失言であったのだけれど、「渉外弁護士は弁護士じゃない」と言って、物議をかもしたことがあった。

「机に座っていて契約書ばかり書いて法廷に全然出てこない。第一、刑事弁護を全然やってないじゃないか。弁護士が『代理士』というなら民事専門でもいいのだが、弁護士というのは弁護人から来ている呼び名なのに、契約書や手紙ばかり書いていて、刑事弁護は避けて法廷にも出ない弁護士は、およそ弁護士と言えるのか！」というようなことを発言した。

会長選に出ることになったとき、みんなそれを憶えていて、「結局企業弁護士、渉外弁護士からは反対されるのは仕方がない。あんなことを言った以上は、そうした人たちからは絶対票は取れないよ」と言われた。こちらは青くなって大きな事務所を訪問して、昼飯のときにみんな一緒に食事している所に出ていって、あのときああいうことを言って失礼しましたとか、まぁ詫びを入れざるをえなかった。感情にまかせて発言することの恐ろしさを痛感した。

私が目ざした司法改革

戦争の苦い経験からやっと弁護士自治が生まれた。ところが現在、その弁護士自治が危うくなっている。日弁連も、いよいよ国の干渉を許すようなおかしな方向に行っている。

私が日弁連会長をやっていたときはまだ良かった、と言うと弁解がましいが、一生懸命良い方向へと頑張ったつもりである。ところが、日弁連会長というのは、二年の任期である。アメリカの大統領でさえ四年、国会議員の任期も衆議院で四年、参議院は六年。

私は、自分が公約した日弁連の運営や司法改革のレールを敷くには、少なくとも四年はかかると思って、二期続けたかったが、一期で終わりとなった。制度上は、もう一回選挙に立っても構わないが、終わった後、交替したい人がそこに控えているのに、またやろうと思っても今の状況では皆が同情してくれない。やはり一種の名誉職だと思っている。

そうして、次にバトンタッチしたら、たちまちの内に、やろうとしていたことがどんどん崩れて、元の木阿弥になった。それだけならまだいいのだが、どんどん方向が変わってしまった。弁護士会の内情を言っても仕方がないが、これは大変に情けないことだ。

私が日弁連の会長に立候補した目的は、真の意味の司法改革を実現することだった。会長選の前々年の一九九二年に、二弁（第二東京弁護士会）の会長になった。二弁の会長は日弁連副会長を兼ねることになっていて、当時中坊公平日弁連会長が、司法改革ということを打ちだした。その司法改革の捉え方は、今の民事、刑事の裁判制度の現状がきわめて憂慮すべき状態にある。これは早急に改革しなければならないというものだった。

一口で言うと、民事裁判の進行がきわめて遅い。そうでなければ審理が粗雑となり、結果として判決がどうしようもないものとなる。また無理やりに和解勧告をして早く終らせようとする。裁判官不足による、このようなもろもろの弊害が民事裁判では目立った。

刑事裁判では、何かダラダラとやっているから裁判が遅延するのではなく、調書裁判で自白調書などの任意性が争われたり、証拠能力が争われたり、そういった欠くことのできないことで、難しい裁判であればあるほど慎重な審理が求められ、自然と長い裁判になってしまう。調書を証拠として採用することが裁判遅延の原因であるのに、迅速裁判を試みすぎて、満足な審理を踏まずに、職権的に裁判官の恣意的な訴訟指揮で手続を進めて、杜撰な審理で有罪判決をしてしまう傾向が強まっている。また、いわゆる代用監獄とか、自白強要とか、人質裁判とか、検察官手持証拠の非公開など。刑事裁判では、問題となる原因をいくつでも挙げられる。

きわめて自白偏重の審理となってしまう刑事裁判のあり方を改めるべきで、これらの問題が発生するのは、裁判官不足が大きく関係するし、検察官不足も関係する。そうした粗雑な職権審理の深刻な現状に警鐘を鳴らして、これを打破するのが司法改革であるということを私たちが唱えたわけである。

その原因の一つには、法曹人口の不足ということも確かにある。裁判官、検察官、弁護士が総じて不足しているという現状は、一般市民から見て司法が遠いものとなっている要因である。それでなくとも司法は身近なものではなく、むしろとても利用しにくい。それをもっと庶民、普通の人たちに近づけ、身近なものにすることが司法改革の目的だった。

そういう司法改革の本来の目的については一も二もなく賛成だったので、私も司法改革担当の副会長として相当尽力し、知恵をしぼった。それから二年後、司法改革をさらに進めるために日弁連会長に立候補した。他の弁護士も対立候補として立候補したけれども、私ほど明確な目的を持って立候補したとは考えられない。とにかく私の信念からすると、会長は名誉職ではなく、日弁連をリードして司法改革という目的を遂げることが職務である。その信念で司法改革に全力投球をするための会長であるから、他の候補には絶対に負けられないという気持ちで選挙運動をやった。

全国五十二の弁護士会がある。その一つひとつをくまなく廻って、会員に直接私の考えを述べ、質疑応答にも応じた。ただ富山県だけは、積雪のためだったかと思うが、当日飛行機が羽田でストップして行けなかった。それ以外は全部廻った。それも、たとえば北海道は四つあるけれど、一遍に廻れないので、四回に分けて東京から向かった。長野県は松本と長野と別々で、ここもスケジュールの関係で一回では廻れないので、長野県内のそれぞれの支部に行くために二回行った。複数回行ったところもあり、相当走り廻った結果、圧倒的な得票を得て当選した。

当選して公約に掲げた司法改革を推し進めるために、副会長や都道府県の弁護士会の各委員会にも充分働いてもらって、相当動いたつもりであった。残念ながら二年という任期では短かすぎて、線路を引いた程度のことで終ってしまった。とくに法曹人口については、私の任期中最後の臨時総会で、司法試験合格者を千名までに増やし、その程度に留めて、後は弁護士と裁判官と検察官との各人数のバランスを考え、実態を検証しながら徐々に法曹人口を増やしていくという決議をした。

ところが、その後この決議が無視されてしまって、本当に実証的にというか、実態を検証したうえで人数を増やしていくのではなくて、ただ増やせば増やすほどよいとする考え方が有力となってしまった。とくに民間人を入れた司法制度改革審議会の人々の意見が、弁護士の意見を圧迫して、司法試験合格者の数だけをどんどん増やせばいいという方向になってしまった。

これは、私のまったく予想していなかった結果だった。裁判官や検察官とのバランスを考えないで、弁護士人口だけが偏って増え、弁護士同士が競争しながら、生活や事務所運営を支えなくてはならない。そうすると、生きるがためにあくせくしてしまい、人権問題のような採算の合わない事件を引き受けるゆとりがなくなってしまう。本来の司法改革を目指してきた者としては、このことを大変に憂えている。

第七章　いま、沈黙するは大罪という思い

富める者の専制――アメリカの戦争は許されるか

アメリカは二〇〇一年九・一一を受けて、いきなり「これは戦争だ」と言った。しかし、これは戦争の定義に全然入っていない。言うなれば、ある集団がおこなった「犯罪」ではあっても、これは戦争でも何でもない。それを「戦争だ」と、いきなり大統領が叫ぶ。

これに対して日本の総理大臣が、オウム返しのように「その通り」「全力をあげて協力します」と誓って、それが国際公約だと言う。これでは、公務員として憲法の精神と規定を守り、実践しなければならない日本国総理大臣が、憲法を全く知らないのでないかと言いたくなるほど、憲法を全く意識していない。こういう時には憲法なんかどうでもいいんだ、無視してもいいのだ、としている。

アメリカは、国際人道法などはどうだっていいと考え、国際法の戦争定義に反している。アメリカの対アフガン、対イラク戦争は、自衛のための戦争ではない。自衛というのは、やはり相手にやられて、

それに対してこれしかないという必要最小限の反撃方法をとって自分を守るものだ。ところがアメリカは怒り心頭に発して、「これは戦争だ」、「アメリカが蹂躙されたから、それっ、攻撃しろ」と言う。これは自衛でも何でもない。自衛という概念にも含まれないものを、あたかも「自衛戦争」のように言っている。

そして今度は、「集団的自衛権」的な活動を日本に強制しようとする。日本政府も一も二もなくそれに合わせようとする。いずれにしても国際法規、国連憲章、それから国連の総会決議、こういったもののどれにもあてはまらない。国際法上禁じられていることを、アメリカは堂々とやっている。

こういうテロが起きた場合には、なぜテロが起きたのか。そのテロの起きた原因とかその背景、そのようなことをとことん突きつめるのが、テロの再発を防ぐ一番近い道であり、説得力があり、正しさがある。にもかかわらず、そういった背景を全く無視している。それは次の戦争を誘発し、第三次大戦を引き起こしかねない最も危険で愚かな行動である。

マスコミも悪い。今、何の規制もないはずなのに、戦時中、軍や特高や憲兵に監視されていたマスコミと同じように、無口なマスコミになってしまっている。しかし、今、沈黙は問題であると思う。黙っていると、戦争に向かおうという勢力は、どんどん強くなり、もう最後には反戦の声さえ出せなくなる。だから、今黙っていることは大きな罪なのである。

一方、テロ自体を正当化する論理もある。あれに快哉を叫んで、「うまくやった」と拍手喝采する人もたくさんいると思う。しかしながら、手段としてのテロル、しかも罪のない大勢の人が巻き込まれたりするわけだから、そのこと自体は正当化してしまうわけにはいかない。これはやはり犯罪という規定をせざるをえない。

しかしながら、富める者の専制・圧迫、富める者の偏狭な姿勢・独りよがり・傲慢などなどは、全く正当化することはできない。貧しい国に対して恐怖と欠乏を与えている南北の格差の問題こそが、テロが起こされる原因と言える。だから、そのようなテロの原因を究明せずに、その原因を根絶する闘いをしないで、「テロを撲滅しよう」と、どんなに美辞麗句を並べても問題の解決にならないばかりか、世界戦争を呼び起こす危険すらある。

日本人は「原爆の被害を受けた」と言う。しかし、日本は中国にいろいろひどいことをやった。朝鮮にもひどいことをやった。その加害行為を謝っているか。

ものには順序がある。長く、厖大な加害をしてきた日本が、まず進んで加害行為の責任を取るのが先ではないか。

ところが、かつて悪いことをさんざんやってきた歴史を逆に美化して、侵略戦争を「解放戦争」と言いかえる主張を是認する人物が首相となり、そういったことを大っぴらに賛美した記述をしている歴史教科書を文科省検定教科書として認め始めた。このような政府の姿勢を早く改めさせるには裁判しかないと思うからやっている。けれども、裁判所にも今日のような状況では期待はできない。司法に訴えても、裁判所はそれすらもなかなか勝たしてくれない。過去の問題だとしてとりあわない。裁判所は、個人が国家を乗りこえて直接相手国に損害賠償を請求する権利はないという、カビの生えた論議をまだ繰りかえしている。

いま日本人の多くが、北朝鮮が日本人を拉致したことを怒っている。私も同じである。決して許せることではない。でも植民地時代当時は、日本がその何千倍、何万倍もの人を拉致して、本人やその家族たちを不幸にしていた。

中国大陸あるいは朝鮮半島から中国人、朝鮮人を強制連行してきて、炭砿や鉱山、土木工事や港湾荷役現場で働かせた。戦争に役立つ資源を掘り出させたり、軍需生産の動力源を増強したり、船舶への物資の積み卸しといった、物凄く労働条件の悪い危険な作業に従事させ、強制労働させた。強制連行された人たちは、農民、労働者、商人、捕虜兵士で少年から老人までいた。これは拉致であった。

また、戦時性暴力被害の女性たちの場合は、いつの間にか十三歳か、十四歳の娘がいなくなってしまうのだから堪らない。日本軍隊の兵士たちの性欲のはけ口にするために、あるいは騙して、あるいは問答無用で捕えて、若い女の子を掠(さら)って性奴隷にしていった。これも拉致であった。それでその家族は、娘はどこへ行ったと懸命に探すがいっこうに行方知れずとなる。娘にしてみれば、逃げようとしたら殺されてしまう。

現在、日本人が拉致されて大いに怒るのも当然だが、朝鮮や中国の人たちはもっと大量に拉致され、許すまじき非人間的扱いをされていた。同じように向こうも非常に怒ったし、半世紀以上経ってもその怨みと怒りは消えておらず、今でも悲しんでいる。その人たちは一生涯をダメにされ、中には死んでしまった人が沢山いる。このようなことを考えて、拉致問題を捉えないといけない。

それを、あれとこれとは次元が違うとか、あのときは戦争状態だとか、強制ではないとか、いろいろな言い逃れをしているが、許される道理はない。

平和を築くために沈黙していてはいけない

日本は敗戦後五年目の一九五〇年、朝鮮戦争が起こると同時に警察予備隊を作った。警察予備隊は、日本にいたアメリカの駐留軍が朝鮮出撃で留守になるので、アメリカの命令で作られたものだ。当時七万五千人の隊員で発足したが、それが保安隊になり、今では自衛隊という大軍隊になっている。

自衛隊は、現在二十六万人であり、これに費やす国家予算は五兆円にのぼる。五兆円あれば、戦後賠償ができる。戦争被害者で、いま生きている人たちはそれほど残っていない。その人たちや遺族は賠償を請求している。だが、彼らがいつも言っているのは、最も求めているものは日本からの真摯な謝罪とその証としての賠償ということで、大切なことは日本の誠意なのである。

前の戦争で軍人のやったことは侵略戦争である。その軍人には恩給が支払われ続けている。それは戦争に責任のある地位にあった将官に手厚く、一兵卒ほど低い。軍人に対して国が払っている恩給は、高い位にあった人では、一年間に何百万円にもなる。高級軍人のように戦争を指導した人、協力の度合いの強い人たちほど恵まれている。

敗戦後の軍人恩給を全部足すと、合計五十兆円位になる。そのうちの十分の一でもあれば、自分達が被害を与えた人たちに、きちんとした補償ができる。それでアジアの平和は築けるのに、いつまで経ってもそれをやらない。

そのうえ軍事予算など、いろいろな理由をつけて増大させている。アメリカの迎撃ミサイルなどを買わされたら大変なことになる。

「北朝鮮が攻めて来る」「ミサイルを撃ち込むかもしれない」などと言っているが、はたしてそうだろうか？　そんなことをすれば北朝鮮にとって自滅の道でしかない。

それを、北朝鮮は「脅威の国」と宣伝し、日米同盟を強固なものにしようとし、迎撃ミサイルをアメリカから買うなどと言う。このような使い古された、まことに幼稚な論法で、北朝鮮を悪く言う。たしかにあの国の政権は、あまり好まれてはいない。しかし、嫌いだからと言って、ちょうどイラクの政権が嫌いだからと言って潰したように、それを潰す権利はない。

今日、国際法の基本となっている国連憲章第二条四項で、明確に禁じられている。それをアメリカは真っ向から破っている。アメリカの気に入らない政府を倒すためには、戦争を、国連決議も経ないでやった。

アメリカに追従する日本、そして軍隊を捧げる日本。これは日本国憲法に反している。憲法九十九条には、「すべての公務員はこの憲法を擁護する義務を負う」と書いてある。総理大臣は公務員のトップであり、国民の中から憲法を変えろという声が出てきても、総理大臣は「この憲法を守るのが私の義務だ」と言わなければならない立場にある。それなのに、総理大臣が率先して憲法を変えようとしている。

日本国憲法は世界に誇るべき憲法である。しかも、とくに大事な九条二項は、世界に広めるべきだ。うらやましいと言っている国がたくさんある。ヒロシマ・ナガサキの被害を受けているこの日本が、自らすすんで憲法九条二項を変える。こんな情けない話はない。それが現在の政府の愚かさである。

その愚かな政府に、本来政府を批判する先頭に立つべきマスコミが、迎合している。マスコミが、権力に尻尾を振って政府の言いなりになったら、太平洋戦争中と同じになる。太平洋戦争中は、マスコミがなんでもかんでも陸軍・海軍の発表を鵜呑みにして、声高に戦争へ戦争へと国民を駆り立てていった。敗戦で戦争が終わると、自分たちは二度と再び同じ過ちは繰り返さないと誓ったのに、今は批判的なことをはっきり言う一般新聞はほとんどない。

いま戦争反対をどんどん叫んでもいいのに、叫ばなくなった。そして国民もおとなしくなった。こうしているうちに、現実はどんどん進行していく。そこで私は「沈黙は大罪である」と言いたい。

昔も、もっと大きな声で叫んで戦争反対をやれば良かったのに、なぜあのとき、有識者らは叫ばなかったのか。昔は叫ぶに叫べない事情もあった。治安維持法があり、特高警察や憲兵が目を光らせ、叫んだら捕えられ罰せられた。今は叫んでも罪にならない。にもかかわらず叫ばない。これは情けない。

もし私たちが沈黙していて、本当に、果たせるかな戦争になってしまったら、子どもや孫たちから、なぜあのとき戦争反対を叫ばなかったのだと、それこそ本気で怒られるだろう。

私は、「今、叫ばずば大罪なり」とくり返し言わざるを得ない。

平和を築く最も近道の方法、しかも確実で永久で真っ直ぐな道。しかも経済的にもコストのかからない道。それは何か？　過去の戦争の過ちを率直に振り返ること、そして犯した過ちを心から謝り許しを乞う。許すか許さないかは相手の決めることですが、でもこちらは誠心誠意、謝るべきです。

私と同年齢の篠塚良雄さんは、七三一部隊で細菌を培養する手伝いをやっていた元少年隊員であった。彼は、実験台で生きたまま解剖された中国人を目の前にしていた。その人が、中国人の細菌戦被害者が参加した集会で、百人を超える大勢の前で、自分のやったことを涙ながらに率直に告白した。篠塚さんは、お金でもって過去の罪を清算しようというのではない。恥をしのんで「申しわけなかった」と、大勢の前で自分のしたことを告白し、心の底から謝った。

そうすると、その場にいた中国から来た犠牲者の遺族たちが、わーっと駆け寄ってきて、彼に握手を求めてきた。そのくらい、誠意をもって罪を認め、許しを乞うならば、中国の被害者たちは許してくれる。しかし日本政府がやるのであれば、きちんと襟を正して誠実に謝罪と賠償を行うのでなければならない。

ものごとすべて、自分の側からだけ一方的に考えていてはいけない。相手の立場に立ってみなければならない。謝罪を行い、その誠意の証として賠償金を払い、こちらの誠意を認めてもらい、信頼を回復し、一人ひとりが互いに手を握り合って平和共存を誓えば、戦争など決して起きないだろう。

第三部　戦後補償の闘いと私

第八章　「慰安婦」問題の解決のために

戦争賠償についての私の立場

　戦後補償問題について、いつごろから手がけ、行動を始めたのかということを聞かれることがよくある。私が、実際に戦後補償の問題にかかわるようになったのは、そう古くからではない。戦後処理問題が話題になり始めた頃から非常に関心をもっていて、陰に陽にというか、いろいろと協力してきたことは確かである。けれども、一九九四年四月に日弁連会長になってから、この問題に正面から向き合うようになった。

　一九九五年は日本の敗戦五十年だった。私は日弁連会長として『自由と正義』（一九九五年一月号・日弁連機関誌）の年頭所感「一九九五年を迎えて」の結びで次のように述べた。

「今年は戦後五〇年に当たります。日本国民としてこのけじめの年を漫然と見送ることは許されませ

毎週水曜日にソウルの日本大使館前で闘われ続けている水曜デモ。1992 年 1 月から始められ、2008 年 8 月現在、800 回を超えている。

ん。日本は五〇年間に何を成し遂げ、何を成し遂げなかったかを改めて見直し、はっきりとけじめをつけてから次の五〇年へ、そして二一世紀へ進む必要があります。

ここで戦後処理問題を、流行語となった『曖昧』なままに『忘却炉』へ投げ込んで次の五〇年へ移ろうとすれば、それは日本の歴史を誤らせることになりかねません。忘却の代わりに、過ちを再発掘し、再認識し、確実に国家としての責任を果たす決意を示さなければ、アジアをはじめ世界の人々は決して日本の発言力、指導力を評価しないでしょうし、日本が国際社会で名誉ある地位を築くことも、正しい貢献をすることも困難でしょう。

強制加入団体である日弁連には、種々の思想、歴史観を持たれる会員がおられることは事実です。しかし、強制加入は、人権擁護の使命を果たすための弁護士自治に結びつく制度なのです。人権は国際的、普遍的な原理で貫かれているのであり、国際社会に通用する人権意識で一致しないかぎり、日弁連は国際人権諸団体に対しても発言できず、代用監獄等についての人権救済を求めることもできないでしょう。

私は、世界で最も権威のある団体の一つである国際法律家委員会（ＩＣＪ）の、十分な学問的検討と事実調査に基づいて作られた日本の戦後処理問題に関する報告書を決して軽視してはならないと信じております。（後略）」

一九九五年八月、世界女性会議の第四回会議が北京で開かれ、日本軍が戦争中に行った性暴力の被害が各国の代表から取りあげられた。日弁連はその年の一月に「慰安婦」問題について、被害者個人に対する国家補償のための立法による解決を政府や国連の女性の地位委員会などに提言していたが、北京世界女性会議にも、同じ提案をした。また、同会議では、「慰安婦」に限らず、日本がアジアの人々に対していろいろと大変ひどいことをしたことが取り上げられて、戦後補償について話し合われた。会議の席上、私は日弁連代表団を代表して「慰安婦」についてスピーチした。日弁連代表団として女性の弁護士が四十何人か行ったが、女性の会議で他の国は団長はみな女性なのに、なぜ日本の団長は男なのかと不思議がられた。

十月に高知市で開かれた第三八回日弁連人権擁護大会では、「戦後五〇年・平和と人権に関する宣言」が満場一致で可決された。

「戦後五〇年・平和と人権に関する宣言

わが国は、先の戦争とこれに先行する植民地支配により、アジア・太平洋地域をはじめ内外に、住民虐殺・生体実験・性的虐待・『従軍慰安婦』への強制・強制連行・強制労働・財産の収奪・文化の抹殺等国際人道法に違反する重大な人権侵害行為を含む、多大な惨禍と犠牲を与えた。戦後、わが国は、政府の行為によって再び戦争の惨禍が起ることのないようにすることを決意し、平和主義、基本的人権の尊重、国民主権を原理とする憲法を制定した。

しかし、この五〇年間、わが国は、前記の重大な人権侵害行為の真相究明と被害回復のための措置をとることを怠り、また、この戦争と植民地支配の実相を後世に正しく伝える教育を十分には行ってこなかった。

われわれは、国が、前記の重大な人権侵害行為の真相を明らかにし、これに対する適切・可能な被害回復を速やかに行い、かつ、この戦争と植民地支配の実相を正しく後世に伝える教育を積極的に行うよう求める。

また、われわれは戦後、基本的人権の擁護と社会正義を使命として、憲法の下で弁護士自治を保障した弁護士法に基づいて、平和と人権に関する問題に取り組んできたが、戦時下の司法についての調査、研究を重ね、その成果を生かして、国民のための司法の確立のために努める。

戦後五〇年にあたり、われわれは改めて、基本的人権の擁護と平和のために全力を尽くすことを誓う。

以上のとおり宣言する。

一九九五年（平成七年）一〇月二〇日

日本弁護士連合会」

私は北京会議への提案や日弁連高知大会の宣言を実現していくために、十一月に「従軍慰安婦への政府の対応に関する会長声明」を発した。

「北京会議は、日弁連を含む多数のＮＧＯの要請に応え、一四七（f）を含む行動綱領を全会一致で採択した。一四七（f）は、『従軍慰安婦』を指す戦時における性的奴隷制（Sexual Slavery）の被害者などに対する補償を含む原則を明言している。しかるに、日本政府関係者は、性的奴隷制という国連用語が『従軍慰安婦』を含むことを否定し続け、この行動綱領を無視し、慰安婦被害者個人に対する国家補償を拒否し続けている。これまでの国連における審議経過をふまえると、性的奴隷制という用語が、『従軍慰安婦』制度を示す用語であることは明らかである。

（略）日本政府は、上記のように国連の意図を歪曲することをやめ、上記行動綱領及び国連差別防止少数者保護小委員会（通称「国連人権小委員会」）決議（一九九五年八月、日本に行政的審査会を設置するか、国際仲裁裁判所を受諾するかによって国家補償問題を解決するよう勧告したもの）に従い、被害者に対する国家補償をなすことを決意し、日弁連提言及び国連決議等に鑑み、『従軍慰安婦』被害者に対する国家による補償を可能とする立法の提案を早急に検討すべきである」

こうして、「慰安婦」被害者に対して国家による補償を可能とする立法を強く求めた。日弁連宣言や会長声明からすでに十何年か経ったが、私は、今こそ、そこに盛られている戦後補償を本当に実現していくことがぜひとも必要だと考えている。

日本は、アジアに対して行ってきた侵略戦争、それから朝鮮・台湾に対する植民地支配、これらについての責任を全部棚上げにしてしまって、その清算、戦後補償もしていない。それなのに、いままた次の戦争に向かおうとしていることは許せない。

平和のための一番大事な手順は、アジアに対して過去にやったことをみずから進んで謝ることであろう。加害国が被害国に対して進んで謝る。それも、ありのままの事実を告白し、そして心の底からの謝罪をして、それを具体的な形で証すために賠償金を払うことである。

今日の日本に、国家財政や企業からすれば、財源は充分あるだろうと思われる。一時にではなく、ドイツもそういうやり方だが、だんだんに支払っていく方式もまったく可能である。ドイツがやっているのに、なんで日本はやれないのか？

今の国会の中では、「日本だって原爆でやられている。シベリアへ連れて行かれてさんざん苦労させられている。それから日本の婦女子も、ソビエト軍が攻めてきた時には、中国大陸で相当ひどい目に遇っている。日本だって充分被害を受けている。なぜ日本だけが謝罪したり賠償したりしなくてはいけないのか」というようなことを言う女性議員がいる。

しかし、そういうものの考え方では、物事を相対化してしまう。物事を相対化してしまう姿勢からは、何も生まれてこない。要するに「古今東西、戦争というものはそんなものだよ」という没主体的な主張であり、同じような状況になれば同じようなことを繰り返すのを許す論理であって、これは絶対にいけない。

戦時性暴力被害女性への謝罪と賠償

二〇〇七年七月の「慰安婦」問題に関する米下院決議案に、政府・自民党は過剰な反応を示した。日本に明確な謝罪ときちんとした対応を求めるという趣旨の決議は、すでに韓国国会や台湾立法院などでも採択されているので、目新しい動きではない。日本軍による戦時性暴力の被害女性については、世界中から「日本は戦争中の性奴隷に賠償をしろ」という声が上がり、国連の人権委員会や社会権規約委員会、ＩＬＯ（国際労働機関）の専門家委員会からもくり返し解決を強く勧告されている。

当事者はもちろん、被害国だけでなく中立的な国際機関も「慰安婦」問題が解決したとは見ていない。日本軍の性奴隷にされた人はみな高齢になっていて、しかもどんどん死んでいっている。「おばあちゃんたちの生きている間になんとかその無念を晴らしてやってくれ。謝罪と賠償をしてほしい」。これが国際社会の声だ。

しかし日本政府は、そ知らぬ顔をして悠々としている。鉄面皮もいいところである。安倍前総理や麻生前外相は「狭義の強制性はなかった」とか、「事実誤認」とか主張しているけれど、その根拠は薄弱と言わざるをえない。オランダや韓国など被害国の政府も、国際機関も、一九九三年以降、独自に被害者からの聞き取りや調査を重ねてきて、被害の事実を認定している。

私自身も各国の被害者に直接会って何度も話を聞いている。特に中国やフィリピンなど占領地での被害は、民間業者を介在しないで軍が直接に拉致・暴行・監禁したケースが数多くある。日本の裁判所も証拠調べの結果、強制の事実を認定している。日弁連は、委員を派遣して現地で調査して報告を出し、謝罪と個人補償を行うよう、内閣総理大臣あてに四度も勧告している。

それが現在まで未解決となっている混乱の原因は、一九九三年に政府が発表した調査報告と「河野官房長官談話」の曖昧さにあるという指摘があるが、私はそのとおりだと思っている。その後、真剣に調査をした形跡はないし、韓国以外では被害者の聞き取りも行わず、極めて消極的な対応に終始している。

その不十分さにつけ込んで、逆に談話の取り消しを策する者が登場している。原因は政府の不作為にある。政府は調査と聞き取りを重ねて、「慰安婦」・戦時性的強制の実態をさらに明らかにすべきである。

徹底した事実調査に基づかない推論では説得力がない。歴代総理は「おわび」を言うが、総理も外相も一度も当の被害者に直接に会おうともしていない。国会答弁を聞いていると、九三年以降にまとめられたオランダ政府の調査報告やインドネシアの著名な作家プラムディヤ・アナンタ・トゥールが三十年も前にまとめたブル島の「慰安婦」の記録なども見ていないようである。公文書に「強制」が見当たらないから強制の事実はなかったとする断定にも無理がある。

日本軍による戦時性暴力、性奴隷とされた女性たち、無理やりにあるいは騙されて連れて行かれて、「慰安婦」にされた人たちが裁判をやっている。しかし国策司法のもとでずっと負け続けている。裁判で勝つことを追及するのは言うまでもなく当然なことだが、日本の状況からすると特別立法で法律を作って賠償を行うことも現実的な解決の方法だと思う。

村山政権は一九九五年、「戦後五〇年」に合わせて「女性のためのアジア平和基金」を発足させ、翌九六年からフィリピン、韓国、台湾で「償い金」の支給を始めた。これに対して被害女

戦後60年の2005年8月、55万人分の国際署名を前に、院内集会で謝罪と補償を求める李容洙さん（8月12日　参議院議員会館）

性側から強い反発や批判があり、受け取りを拒否されるという大変深刻な状況が生まれた。

私は、「慰安婦」被害の女性たちと多く会う機会をもった。その中でも印象深い一人が韓国の李容（イヨン）洙（ス）さんで、会うたびにいつも叱られたり、ネジを巻かれたりの感じである。李容洙さんは一九二八年生まれで、一九四四年十五歳の時に実家から連れ出され、台湾の新竹にある海軍慰安所で「慰安婦」にさせられた。日本敗戦後、一九四六年に朝鮮に帰った。一九九二年に元「慰安婦」であることを名乗り出て、今日まで各地で体験を証言し続け、また毎週水曜日にソウルの日本大使館前で行われている水曜集会にも毎週のように参加している。大変元気で活動的なことで有名だが、運動に活かそうと一念発起して、一九九六年には法律を学ぶために慶北大学に特別入学し、九九年に卒業して、二〇〇一年には大学院修士課程に進んでいる。

李容洙さんは「女性のためのアジア平和基金」に最も強く反対している被害者の一人である。彼女がとくに憤っているのは、この基金が各国の「償い金」受取者の数も名前も明らかにしていないことである。被害者側の分裂や切り崩しを図りながら、不明朗なやり方で金を配るという方法が、正義感の人一倍強い彼女には許せなかったのだろう。私は日本政府や国民基金の代理人ではないのに、食ってかかるような勢いで、代わって説明を迫られたこともあった。

悪いのは説明責任を果たさない日本政府と基金側であり、謝罪と補償を明確にしない基金の問題点にあるのだが、そうした問題点を改めていけなかった国民にも責任はある。そうした問題点を含め、「女性のためのアジア平和基金」はいったい誰のための、何のための基金だったのか？基金理事長の村山富市元首相に直接会って話をしたこともあったが、弁解ばかりで要領を得なかった。そもそも、本気で問題解決に取り組む気があったのかどうか疑問に思う。正々堂々と謝罪と補償を行わないかぎり、とりあえずこのくらいでといった曖昧さで決着してしまおうとしたことが、却って事態をこじらせる原因となった。

そうした中で、九六年二月には国連人権委員会「女性に対する暴力とその原因及び結果に関する特別報告者」ラディカ・クマラスワミ氏の報告書がジュネーブで発表された。クマラスワミ報告では、「慰安婦」問題に対する日本政府の対応を批判し、謝罪と補償、歴史教育、処罰などが強く勧告された。日弁連も直ちにこれを歓迎し、「女性のためのアジア平和基金」では解決されないことを改めて指摘した会長声明を発表した。「慰安婦」問題について国際社会が正面から日本を批判し、対応の不充分を指摘、謝罪と補償を含む完全な解決を求めてきた。ＩＬＯの専門家委員会も、この年初めて年次報告書で日本の「慰安婦」問題に触れて、以後毎年のように日本政府に誠実な対応をするように求めている。

私は、一九九六年十二月に結成された「慰安婦」問題の立法解決を求める会の会長を引き受けた。一九九八年三月には私が責任者になって、東京に韓国・台湾・フィリピンの国会議員や運動関係者らを招いて国際集会を開催したが、ちょうどその席上に、韓国政府が「女性のためのアジア平和基金」を拒否する被害者に一人約三百万円を贈るという発表がもたらされた。台湾はその前の年に、民間の募金で一人二百万円の支援立替金を贈っていた。日本政府の政策が被害国政府からも明確に拒否されるという前代未聞の事態に陥った。

そして一九九八年四月に、一連の「慰安婦」訴訟の最初の判決が山口地裁下関支部で出た。この判決は、韓国人元「慰安婦」の被害事実を明確に認定し、少なくとも河野官房長官が強制の事実を認め、「お詫びと反省」を表明をした後は、速やかに国会で法律を制定して賠償すべきであったのに、政府と国会は立法を怠ったとしてその責任を問い、立法不作為による賠償を命じた画期的なものだった。同年九月に、荒井信一茨城大学名誉教授、クリスチャンで「慰安婦」問題に熱心に取り組んでこられた故カーター愛子さんらと「戦後処理の立法を求める法律家・有識者の会」を結成して、さらに立法を求める市民運動を拡げてきた。

恒久平和のための真相究明法の立法へ

戦争中のいろいろな作戦資料、歴史資料、現実に戦争をやっていたときのナマの文書資料は、敗戦時にかなりが焼却されてしまったことは事実だが、いまだ各省庁の倉庫にはおびただしい量の文書が未調査のまま眠っている。それこそ、積み上げたら富士山の何倍にもなるような、たくさんの資料が眠ったままになっている。

ところが、その資料を決して出してくれない。出すと恥だから出さない。そのうちに燃やしてしまうのではないかと、それが恐い。したがって、国会図書館に恒久平和調査局というのを設けて、そこに資料を集めて精査させる。また、各官庁に保存させておきながら、出しなさいと言えば、いつでも出せるように、強制力をもった組織をつくろうというのが、恒久平和のための真相究明立法である。

私は、法律家・有識者の会の代表として真相究明立法にも取り組んできた。この会の活動は、主に立法運動である。

「慰安婦」問題の解決についても、理解を示してくれる国会議員と連携して、「慰安婦」問題の解決をめざす解決促進法案を何回も提出してきた。この議員立法案も、何度も国会に上程しては流されている。いまの国会の状況では当分続くだろう。今の国会の勢力関係から言えば参議院では通ったとしても、衆議院では否決されてしまう。今までは継続審議とか廃案となっても何回でも出せる。ただ一旦否決されてしまうと、この次出しにくくなってしまう。それで今のところ、参議院で可決しようとするのは控えようという判断がある。

「慰安婦」問題は、法律家・有識者の会がやっている立法活動の中で一番進んでいるが、これが成功すれば、それを突破口として南京虐殺とか、強制連行とか、細菌戦とか、どんどん拡がっていくのではないかと思う。

すでに一九九七年以降、今日まで台湾、韓国、フィリピンの国会で、「慰安婦」問題について決議が次々とされている。幸いにしてと言うか、国際的にさらに新しい動きが現れてきた。二〇〇七年の夏には、日本政府が同盟国として頼りにしているアメリカで、「慰安婦」問題について日本政府はきちんと責任を取るべきだという議決をした。日本政府も大分ショックらしい。そこへもってきてカナダ、オランダ、ＥＵ（欧州連合）と、世界各国の議会が次々と日本に対する非難決議を上げている。そのような中で日本は、いつまで図太く鉄面皮な姿勢をとれるのか。これはハッキリ言って全く恥ずかしいことである。経済大国とか言って、常任理事国入りに懸命になっている。けれどもアジアの人たちはみんな、日本の常任理事国入りには絶対反対だと言っている。戦争責任を果たさず謝罪も賠償も拒んでいて、常任理事国に入るのは当然などと言うのは、おこがましいにもほどがある。

大学時代に学生運動をしていた同窓生の集まり「一・九会」の会合で、堤清二君（辻井喬）のスピーチを聞いた。彼は、「日本は、国連に一番たくさん金を出してるのに常任理事国になれないとは何事だという論理があるけども、金で常任理事国を買うのか。金で買うなんていう思想は、今の世界に通じるものじゃない。そんなことをおめおめと言うことは日本にとって大変な恥である」と言っていた。堤君は、財界の人間としては非常に進歩的で、学生時代の純粋な気持ちをそのまま失わずにいる。

このように日本の戦争責任は、国際的には注目されているが、国内に向かっては外務省がみんな握りつぶしている。国際的な批判があったことが新聞に載ることはほとんどなくなってきている。正直言って日本ではマスコミ自体も大変おかしい。

政権交代すると、今度はマスコミも載せるようになるかもしれない。載せるようになれば、人はそれだけ関心を持つようになる。そうすると自民党の中でも「これだけの人が関心を持っているのに、自民党も表立って反対したとなると評価が悪くなるから、やっぱり敢えて反対しない方がいいんじゃないか」という声も出てくるのではないだろうか。

マイク・ホンダ氏（左）と筆者（右）（2008年1月8日、星陵会館）

アメリカでは、下院のマイク・ホンダという日系の議員が先頭に立って、アメリカの議会で二〇〇七年夏のあの決議をあげた。

日本政府は、アメリカ以外の国や地域、韓国、台湾、フィリピンなどの決議に対しては全く反応しようとしなかった。ところが、アメリカでの動きには非常に敏感であった。アメリカ議会が決議するということになった途端に、今度は一転して大騒ぎになった。安倍前首相は訪米したとき謝った。しかし、謝った相手はブッシュ米大統領であった。ブッシュに謝ったから、これでいいでしょうと言って終ったようなつもりになっている。しかし、謝る相手が違っているのではないか。実際に被害を受けた女性たちに謝るのでなければならない。

日本と同盟関係にあるアメリカの議会からさえ、日本政府の鉄面皮な態度が一番悪いと批判が浴びせられた。政府も、国会も、裁判所も真剣に耳をかすことすらしない。このことに対して、日本の政府はもちろんだが、私たち日本人全体が身を引き締めなければならない。

今の福田総理は、官房長官の時に「戦争賠償については、内閣直属の窓口を設けたいと思う」と言っていた。あの時の言葉はどうしたのか、あの言葉は忘れたのかと詰め寄ることも、できなくはない。窓口を設けてもすぐ解決できるというわけではないかもしれないが、何もやらないよりは、せめて窓口があった方がいい。日本では、米下院決議は日米同盟関係にひびを入れかねないという声が聞かれるが、むしろ、自らの戦争責任を棚上げしたまま、決議のもみ消しを図るという日本の態度こそ醜悪で、信頼を損ねるものである。

決議案提案者のマイク・ホンダ議員は、日本が責任を自覚することが被害者との和解とアジア太平洋の安定を導くと強調している。「女性のためのアジア平和基金」は、国の責任逃れの仕組みとみられ、被害国や被害者の間では否定的な評価が多くなされたまま解散された。当然の結末とは言え、日本政府をはじめとして、謝罪と補償による「慰安婦」問題の解決を真剣に考えないならば、日本は国際社会から孤立し、ますます厳しい批判に晒されるのを免れなくなっていくだろう。

第九章　七三一部隊細菌戦裁判が問うたもの

細菌戦裁判の弁護団長となる

崇山村村民の「連合訴状」

七三一部隊細菌戦裁判で、私は、一九九七年四月に原告弁護団に加わり、弁護団長を引き受けることになった。

私が弁護団に加わったきっかけは、一瀬敬一郎弁護士と鬼束忠則弁護士が事務所に訪ねてきて、中国の細菌戦被害者がなんとかして日本で裁判を起こしたいと活動を続けてきたが、訴訟の準備が整っていよいよ提訴するところまでにこぎつけたので、私に原告代理人の一人になってほしいと頼んできたことからだった。

私は、前に森村誠一さんの本などを読んで、七三一部隊についていろいろ考え、これは本当に大変な問題だと感じてはいた。二人の話の中で心を動かされたのは、浙江省の崇山村という村の住民数百

人が、一九九四年十月に北京の日本大使館に提出した「連合訴状」のことだった。「連合訴状」は崇山村の村民が受けた細菌戦の被害について日本政府に謝罪と賠償を求めるものだったが、日本大使館も外務省も内閣もまったく反応せず、村人たちの気持ちは無視された。一九九五年の七月下旬、細菌戦被害調査のために崇山村を訪ねた日本の市民グループがそのことを知り、八月にハルビン市で開かれた「七三一部隊国際シンポジウム」でその事実を紹介した。シンポジウムに参加していた一瀬弁護士は、この話を聞いて何かしなくてはと思ったそうだ。

その年の十二月に日本の市民グループと一瀬弁護士、鬼束弁護士、西村正治弁護士の三人の弁護士が崇山村を訪れ、細菌戦被害者たちから被害事実の聞き取りをし、「連合訴状」を無視している日本政府に、細菌戦被害の損害賠償を求めることについて活発な意見交換がされた。

それから提訴までの一年半の間に九回、森正孝氏、松井英介氏などの日本の市民グループと弁護士が訪中して、被害者からの聞き取りや被害の現地調査、さらに中国の弁護士、研究者たちとの打ち

細菌戦のペスト菌撒布で親族を殺された崇山村の村民たち。1994 年 10 月下旬、「連合訴状」で日本政府に対して謝罪と賠償を求めた。(1996 年 11 月撮影)

合わせなどが行われた。その過程で、同一の作戦によって一定地域の各地に被害が出たり、疫病感染の流行の伝播という細菌戦の特徴が明らかになってきた。このことから、訴訟の原告は崇山村の被害者だけでなく、浙江省、湖南省各地の被害者に広げていこうということになった。崇山村の被害は衢州からのペストの伝播によるものなので、細菌戦攻撃を直接受けた衢州の被害者が加わったほうが良いという理由からだった。

こうして浙江省の崇山村、衢州、義烏県城(市街)、寧波、江山、湖南省常徳市の細菌戦被害者が訴訟に参加することになり、各地の被害者が連携を強め原告団を結成していった。一方、日本では弁護団が結成され、支援の体制も作られていった。

私が話を聞いた時点では、訴状はでき上がっておらず、準備の真っ最中だったと思う。私は、崇山村の細菌戦被害者たちが「連合訴状」に託した思いをはじめ、中国人細菌戦被害者の日本で裁判をやりたいという思いを聞いた以上、黙っているわけにはいかないという気持ちになり、弁護団に参加することを決め、弁護団長を引き受けることにした。以来、二〇〇七年五月に最高裁が上告棄却・上告不受理の決定を行うまで、百八十人の原告団とそれを支える弁護団、日中の支援の人たちとともに裁判を進めてきた。

七三一部隊と細菌戦

日本は一九三一年九月十八日、柳条湖事件を起こして「満州」事変（中国では九・一八事変）を勃発させ、中国東北地方を全面的に軍事占領した。そして三二年三月、溥儀を皇帝として傀儡国家「満州国」をつくったが、その実態は関東軍が支配する偽国家だった。

「満州」のハルビン（哈爾浜）郊外に平房というところがある。日本軍は平房に広大な土地を囲って、人体実験を行う特別な実験場を建てた。そこで特殊な実験や作戦を行った部隊が七三一部隊だった。部隊長が軍医の石井四郎であったことから、通称では石井部隊（または加茂部隊）と呼ばれていた。

そこでは、抗日分子として捕まえてきた人たちやスパイの容疑で連れて来た中国人らを、どうせ死刑にするのだから、生きた実験材料、観察材料にして人体実験をしてもかまわないと、実に三千人を殺した。

その一つが、ペスト菌を培養して細菌兵器にする実験研究であった。ペスト菌を使った細菌兵器は、ネズミにペスト菌を注射してペストに感染させる。このネズミにノミをたからせるとノミがペストに感染する。ペストに感染したノミが、人にたかって血を吸えば、人が感染してペストになる、という感染連鎖の原理を使うものである。七三一部隊では、ペスト感染ノミを中国人らにたからせて咬ませ、ノミを媒介にしてペストに感染した人がどうなるかを観察した。ペストは黒死病と言われるが、早い人は一日目に黒くなって死ぬ。大体の人は三日目には死んでしまう。そのときの苦しみ方も記録する。このようなペスト菌の大々的な培養と生体実験を繰りかえして、細菌を使った作戦は可能であるという結論に達した。

それから、凍傷で人が死ぬには、どれくらい時間がかかるかとか。手だけを零下何度のところに出しておけば、何時間で色がだんだん変わっていくかとか。何時間で壊疽（えそ）状態になるかとか。何時間以内に引っ込めれば治るけれども、それ以上なら絶対に治らないとか。それから、水を何日与えなければ死ぬか、水は与えるが食物を与えなければ何日で死ぬかとか。そういう実験を生きた人を使ってやった。

七三一部隊は、細菌を戦争に使うために細菌兵器を作りだした。一九三九年八月、日本軍が外モンゴル（モンゴル人民共和国）に攻め込んでソ連軍に大敗した第二次ノモンハン事件の際、七三一部隊は、初めて実戦で細菌（チフス菌）を使った。その後、ネズミを大量に集め、さらに増殖し、それらのネズミを媒介して感染ノミを厖大に増殖する。その感染ノミと穀物を混ぜたものを陶器製容器に入れる。この感染ノミ入り容器が細菌兵器となる。

陸軍中央の細菌作戦発動の命令を受け、七三一部隊は一九四〇年十月から四二年十月にかけて、中国の浙江省や湖南省で実際に大規模な細菌戦を行った。

日本軍は飛行機を使って、街や村にいる罪もない人の上に感染ノミを大量に撒布した。そのノミに咬まれた人やネズミが感染し、次には感染した人やネズミにたかったノミが感染して第二感染源となるという経路によって、次々と人が感染していった。その地域の中国の人たちは、どうして急に病気になったのか、一向に分からない。日本軍の飛行機が何か落としていったことは目撃されているが、感染ノミが撒かれたことなど知らない。広範囲にペストが流行して、これは日本軍が細菌兵器を使った作戦を行ったのだと分かっていった。またコレラ菌を使用した細菌戦の場合には、井戸に直接菌を投げ入れたり、饅頭などに付着させたり、果物に注射するなどという方法を採った。こうした細菌作戦で何万人と殺されているのである。

細菌戦裁判の提訴

浙江省の寧波、江山、衢州、崇山村、義烏、湖南省の常徳市街地、同市石公橋、同桃源の被害者百八人が原告となり、七三一部隊細菌戦訴訟原告団が形成され、一九九七年八月九日、日本国を被告に、謝罪と賠償を求めて東京地方裁判所に提訴した。この提訴には、原告の王錦悌さん、王晋華さん、何英珍さん、何祺綏さん、研究者の黄可泰さん、葉開栄さんらが来日した。

七三一部隊・細菌戦被害国家賠償請求裁判は、「七三一部隊がやった細菌戦の事実を認め、反省し謝罪をしなさい。日本の政府は、その被害者達に賠償をしなさい」という裁判である。私は、提訴後に原告たちと共に行った記者会見で、「日本政府が非人道的な過去の行為を謝罪して、被害を回復する努力をすることで、日本は信頼をかち得ると確信している」と発言した。

第一回口頭弁論は、一九九八年二月十六日に開かれることになった。原告団・弁護団は裁判の開始に当たって、次のような目標を立てた。

一つには、勝訴することによって、被害者らの霊を慰め無念を晴らし、奪われた尊厳を回復すること。そして日本政府の反省、真摯な謝罪、個人への賠償を通じて、中国をはじめアジアの人々からの日本への信頼を回復し、延いては真の和解、友好、恒久平和を築くこと。

二つには、公開法廷において、偽らざる歴史事実を明らかにし、傍聴人や報道機関を通じてこれを内外に広め、誤った歴史認識を是正すること。ことに権威ある司法機関が十分な証拠調べを経て細菌戦の実態を認定すれば、これにより、政府といえどもこの事実を否定、歪曲、隠蔽することが許されなくなる。そのこと自体が大きな成果になると考えた。

日本政府は、日本軍が細菌戦を行った事実を隠蔽し、今も認めない。被告の日本政府は、裁判においても細菌戦の実施の事実を認否すらしない。したがって、細菌戦の加害と被害の関係を実証的に結びつけて立証することがどこまでできるかが大きな課題であった。そのうえで、被告日本政府の言い逃れの法律論を反駁していく必要があった。

この点で、細菌戦についての研究の進展、国会での政府に対する追及などが、裁判を進めていくのに大きな後押しとなった。とくに第三次家永教科書裁判上告審では、細菌戦訴訟提訴直後の一九九七年八月二十九日に最高裁第三小法廷は、一、二審判決を覆して、初めて七三一部隊の存在と生体実験の事実を認定し、七三一部隊の教科書記述削除を違法とした。判決は、「七三一部隊の全容が必ずしも解明されていたとはいえない面があるにしても、関東軍の中に細菌戦を行うことを目的とした『七三一部隊』と称する軍隊が存在し、生体実験をして多数の中国人等を殺害したとの大筋は、既に本件検定当時の学界において否定するものはないほど定説化していた」と判示した。

しかし、細菌戦裁判の全過程で、被告の国・日本政府は、答弁書でもその後の準備書面でも、原告の請求自体が法的根拠を欠くので事実の認否をする必要性を認めないという態度に終始して、七三一部隊の存在や細菌戦の事実について一切肯定も否定もしなかった。このこと自体が、日本政府の不誠実さを表している。

被害者が語った細菌戦被害と立証活動

浙江省の細菌戦被害者との交流

提訴後の一九九七年十一月十六日から二十四日まで、私は一瀬弁護士と一緒に、浙江省の寧波、江山、衢州、崇山村、義烏の細菌戦の被害地を訪問した。この旅は、実際に裁判が始まる前に、原告をはじめ被害者からの聞き取りで被害の実態をより正確につかみ、関係者との意見交換によって裁判をどのように進めていったらよいのかをはっきりさせていくことを目的としていた。九日間の長旅だったが、原告の王選さんの案内で、被害の現場をつぶさに見て歩き、被害者からの聞き取りを行った。私の手帳を繰ってみると、今さらながらに、随分とハードなスケジュールだったことが思い起こされるが、大変に充実したものとなった。

寧波　寧波では、十七日朝八時半から、泊まっていたホテルを会場として聞き取りを行った。聞き取りには、寧波の原告五名全員をはじめ被害者が十五人ほど集まってくれた。私にとっては、細菌戦被害者から直接に聞き取りをするのは初めてだったが、被害の実態はそれぞれの被害者ごとに違っていて、その具体的な被害状況を聞くことができた。ある被害者は「乙部隔離医院出院証明書」と書かれた隔離病院の退院証明書を持参してくれた。

この席には、寧波の防疫専門の医師の黄可泰さんが参加してくれた。黄医師は寧波市の防疫所に勤務して、ペスト防疫のためネズミの解剖研究などをしながら、一九四〇年の寧波細菌戦の調査研究を続けてきて、被害者から厚い信頼を寄せられている。

黄医師の話では、一九四〇年十月下旬、日本軍機が寧波上空に飛来し、中心部の開明街一帯にペスト感染ノミの混入した麦粒を投下し、十月二十九日にノミ等が投下された地域にペスト患者が出た。治療活動とともに防疫活動も活発に行われ、汚染区が封鎖され、消毒や家屋の焼却などが行われた。

浙江省細菌戦流行被害地図（1940 年以降）

献花をして祈りを捧げる松本正一さん（左）と篠塚良雄さん（1998 年 8 月 11 日　ハルビン郊外平房の 731 部隊本部ロ号棟〔特設監獄〕跡地）

このような治療、防疫活動により、ペストは十二月初めに最後の患者を出した後、終息した。ペスト流行による死亡者で氏名が判明しているのは百九人ということだった。

午後は、原告の銭貴法さん（七十歳）、何祺綏さん（六十六歳）と黄医師の案内で、開明街の被害現場を廻った。開明街は寧波市の繁華街で、たくさんの人であふれていた。交差点近くには細菌戦被害地の石碑が建てられていた。ペスト汚染区域内の住居と隔離病院が焼き払われた場所、銭貴法さんたちが移送された董孝子廟を訪れた。

江山　二〇日午前、江山の原告、被害者ら約十人から被害の聞き取りをし、その後、原告の薛培沢さんの案内で被害地の七里橋村という農村を視察した。

日本軍は、浙贛作戦で一九四二年六月十一日から江山県城を占領し、約二か月後に撤退したが、この撤退の際、コレラ菌を使用した細菌戦を実行した。その方法は、主として、井戸に直接入れる、食物（餅状のもの）に付着させる、果物に注射するなどというものであった。江山の人々の中には、これらの食べ物を食べたり、水を飲んだりして、コレラに罹患して死亡する人が発生した。視察した七里橋村では、日本軍が撤退した後に七里橋に一籠の餅が置いてあり、この餅を食べた薛培沢さんの親族三人を含む三十七人がコレラで死亡したという。

衢州　その後、衢州に移動する。楊大方さん（六十五歳）、程秀芝さん（七十一歳）ら原告に会い、被害地の柴家巷を視察し、現地で被害状況を聞いた。

一九四〇年十月四日午前、日本軍機が衢州上空に飛来し、小麦、大豆、粟、ふすま、布きれ、綿花

老年之家で村民からの聞き取り（崇山村）

楊大方さん（左から２人目）らと市街地を視察（衢州）

薬王廟で姉の死について語る程秀芝さん（衢州）

薫孝子廟で隔離治療の状況を語る銭貴法さん（寧波・南門）

コレラ菌入餅が置かれた七里橋上で（江山七里橋村）

金祖池さん（右から２人目）から当時の状況を聞く（義烏）

などとともにペスト感染ノミを空中から撒布した。当日午後には、県知事の指示で、住民を総動員して散乱している投下物の収集・焼却が行われた。十月十日以降、ペストとは確認されていないが、投下物のあった地域で病死者が出始め、同じ頃からネズミの死がいが続々と発見されるようになった。

十一月十二日にペスト患者が初めて確認されたが、それ以降衢州で発生したペストは、ペスト感染ノミがネズミを咬み、ネズミが感染する。そのネズミにたかったノミが感染し、そのノミが人を咬んで感染させるという連鎖によって流行した。一九四〇年末までに当局に報告されたペストによる死者は二十四人であった。しかし、家族が発病者を秘匿したり、感染が知れると隔離されたりするのを恐れて村外に逃れるようなことなどもあって、被害は拡大し、ペスト患者は千五百人を超えた。

程秀芝さんの家では、十八歳の実姉が亡くなった。程さんは十二月五日の深夜、「頭が痛い」という姉の声で目を覚ましたところ、姉が真っ赤な顔をして高熱を出していた。夜が明けてから医師の診察を受けたところ、腋の下のリンパが腫れていることから、ペストに感染していると診断された。姉は薬王廟の隔離室に運ばれたが、苦しくて叫び、意識不明で翌日の四時に亡くなった。発病から死亡までたった二十九時間だった。遺体はムシロでまかれて他の所に送られ、家族にはどこへ送られたかは伝えられなかった。姉がペストで死亡したため、四百平方メートルあった家と店に置いてあった百石ぐらいの米は防疫部門に差し押さえられて焼かれ、家族は仕方なく田舎の石室郷下石埠村に引っ越した。

二十一日朝八時、範姣姣さん(七十八歳)の自宅を訪問して、被害体験を聞いた。範さんは、

崇山村の子どもたちと一緒に村内を巡り被害の調査をする筆者

一九四一年四月、衢州で日本軍の細菌戦によるペストが流行したとき、高い熱が出てリンパ節が腫れ、父母と弟の家族三人が三日おきに亡くなったという。私たちは、その後、近くの孔子廟を訪れた。

崇山村　二十二日朝八時に、義烏市郊外の崇山村に向かう。林山寺という仏教修行のお寺で、原告を含む村民約百人と会合の後、北の上崇山村と南の下崇山村の二つに分かれている集落内を、原告の王錦悌さん（六十二歳）、王培根さん（浙江省被害調査委員会）の案内で巡った。村の子どもたちも同行してくれた。古い家並みが続いていた。住宅は密集して建てられていた。集落の周りは一面の田畑が拡がる純農村で、こういう所まで細菌戦の被害の傷跡が残っていることは驚きであった。

一九四二年十月、まず上崇山村でペストが爆発的に流行して死者が続出した。十二月上旬には上崇山村のペストの発症がほぼ収まるように見えたが、今度は下崇山村で死者が出るようになった。崇山村のペストによる死者は、流行が終息する翌一九四三年一月までに三百九十六人に上り、これは当時の崇山村の人口の約三分の一にあたるという。

村の被害地を案内してくれた原告の王錦悌さんの家では、ペストで死亡したのは、弟、伯父とその妻子の家族四人全員、叔父の王煥禄の六人で、一九四二年十一月にペストに罹り、頭痛がして高熱となり、リンパ腺が腫れあがり、唇が乾いて裂けて亡くなった。

十一月初め頃、崇山村に日本軍医療隊がやってきた。日本軍は、病気を治療しワクチンを注射するという名目で村の人々を騙し、崇山村から一キロぐらい離れている林山寺で人体実験を行い、墓を掘り返して遺体を引き出し、死亡者の手足を切って、肝臓などの臓器を取り出した。日本軍は、十一月十八日早朝、崇山村を包囲して家々を焼いた。炎は昼夜燃え続けて百七十六戸の家が焼かれたという。

夜は、ホテルの部屋で義烏テレビの取材を受けた。記者から、日本の弁護士はどのような理由で、細菌戦裁判に加わっているのかと聞かれた。私は、「細菌兵器という日本軍の残虐なやり方に日本人として本当に恥ずかしい。被害を受けたのは中国の純朴な人たちであり本当に申し訳ない。日本の弁護士が何もしないことは許されない。同時に、日本の代表である政府が、とても恥知らずなので、被害者に対して申し訳ないのは言うまでもなく、世界に対して恥ずかしくてしようがない。これを何とかしなくてはいけないという気持ちがある」と話した。私は自分の気持ちのとおりを率直に述べたのだが、中国人への同情ではなく、むしろ日本人のために参加しているということに、記者が共感していたと、後で通訳をした王選さんが話してくれた。

義烏　二十三日朝八時に義烏城内北門で原告らと会い、被害現場を視察した。十時からホテルで原告の約二十名と会議を持ち、陳知法さん（六十五歳）、張曙さん（六十歳）ら原告の被害状況を聞いた。昼食は張彩和さん（六十五歳）の自宅でご馳走になる。

一九四一年九月、衢州でペストが流行したときに感染した鉄道員が、義烏に戻って発病した。それから義烏でペストが流行した。それまでペストという病名は聞いたこともなかった。ペストは、義烏からさらに周辺の農村へ伝播していったが、義烏市街地ではペストによる死亡者は三百九人に上るという。

陳知法さんの家は八人家族だった。一九四一年十二月に、父と兄の二人をペストに感染して亡くした。働き手を失った母は、兄と姉を奉公に出し、まだ幼かった知法さんと妹を手元で育てた。家が貧しかったので、知法さんと妹は、学校に行くことはできなかった。

義烏市街地の北門近くに住んでいた原告の張曙さんの家では、六十歳になる祖母が一九四一年十二月二十六日にペストに感染し、頭痛、高熱、鼠蹊（そけい）部に腫れ物ができた。薬を飲んでも熱は下がらず、十二月三十一日には、病状が急に悪くなり、床を転げ回って苦しんだ。母の懸命な看病もむなしく、祖母は息を引き取った。その夜、叔父は、祖母の遺体を棺桶に入れて、こっそりと東門山に埋葬した。行政当局に知られると火葬されるのを嫌ったことから、葬式ができなかったので、家族は大変辛い思いをした。

原告の法廷陳述から

いよいよ一九九八年二月十六日、第一回公判が行われた。

法廷が開かれると、私は冒頭で次のように発言した。

「この裁判の意義は、まず三権の一つとしての裁判所が、細菌戦の加害と被害の事実を公権的に明らかにすることにあります。ところが、被告である国の提出した答弁書では事実についての認否を避けている。これは事実を明らかにすることを拒み、一切の責任を回避しようとする姿勢であって、現在の国際社会ではとうてい受け入れられるものではありません。

とかく日本の司法は人権より『国益』優先の傾向が強いと批判されています。しかし、日本が国として潔く過去の人道に反する罪を認め、その責任を明らかにし、被害者に謝罪することは、隣国を始めとするアジア諸国と世界に対する信頼を築くための不可欠の条件です。私は、当裁判所が、確立された国際法上の諸原則を誠実に遵守し、数十年の過去に遡って本件と真正面から取り組み、被害者らの人間の尊厳を回復して下さることを強く期待するものです」

裁判を進めるにあたって、原告側として最も重視したのは、法廷での原告の意見陳述、被害事実の証言だった。なによりも、裁判官に被害者である原告の声を直接に聞いてもらい、細菌戦の悲惨さに耳を傾けてもらいたかった。第二次提訴を合わせると、原告本人二十四人が法廷で意見陳述を行った。

第１回裁判後の報告集会（右から王選さん、王麗君さん、胡賢忠さん、奚鳳仙さん、筆者　1997年2月26日　東京・弁護士会館）

また、原告本人による個別被害の立証として、陳知法さん（義烏市）、周洪根さん（塔下洲）、丁徳望さん（常徳市）、易孝信さん（常徳市）、呉世根さん（衢州市）、何祺綏さん（寧波市）、周道信さん（江山市）の合計七名が、各被害地区を代表する形で細菌戦による被害の実態を証言した。

第一回の法廷で、寧波の胡賢忠さんは、次のように述べた。

「一九四〇年十月下旬、日本軍七三一部隊の飛行機が、寧波の上空を低空で旋回し、街の中心の開明街に、麦やトウモロコシなどの穀物と一緒にペスト感染ノミを散布しました。その当時、私は八歳で、家は開明街七十号にあり、『胡元興』という麻雀の牌を作って売る店を経営していました。私も近所の人たちも、日本軍の飛行機が落としたものが、まるで霧のように空一杯に散って、地上に麦が落ちてくるのを見ました。

私の家では、日本軍の細菌戦によって、両親と姉と弟の四人がペストに感染し、四人全員が殺されました。私は孤児になり、これからどう生きていったら良いのか不安で胸が一杯になり、涙が出てきて止まりませんでした。孤児になってからの体験は、とても言葉では言い表せない悲惨なものでした。私は、私の運命を翻弄した細菌戦を、心から憎みます。」

同日、王麗君さんと王選さんも意見陳述をした。

五月二十五日の第二回法廷で、衢州の楊大方さんが陳述したことは、次のようであった。

「日本軍の細菌戦によって、一九四〇年の十一月と十二月に、それ以前には衢州では歴史上一度も発生したことがなかったペストが発生したのです。しかも衢州のペストは、すぐには終息しませんでした。ペスト対策として隔離されたり家を焼却されることを恐れた住民は、病状を隠したり、病人や病死体を街の外の農村に移しました。このため、翌一九四一年には、ペストは県城のより広い範囲に拡がり、さらに県城周辺の農村にも伝播しました。衢州では、日本軍の細菌戦の結果、その後数年間にわたりペストが大流行しました。

資料によれば、一九四一年には、衢州城区において二百八十一名がペストに罹り、うち二百七十四名が死亡しました。これらの衢県城での犠牲者に周辺の農村でのペストの犠牲者を加えると、一九四一年中の死者は合計で少なくとも千二百人以上にのぼります。一九四一年三月、私の父楊惠風がペストに感染し、死亡しました。日本軍の細菌戦によって私の父は殺されたのです。」

ほかに金祖池さん（義鳥市）、薛培沢さん（江山）が意見陳述をした。

七月十三日の第三回法廷で、常徳県石公橋鎮に住む黄岳峰さんは、次のように陳述した。

「一九四二年、私はすでに二十歳近くになっており、ちょうど身体が強健な頃でした。友人の家でペストによる死者が出ても、死体を運ぶのを手伝うことをいやがる人もいましたが、私は体が丈夫だったので、伝染を恐れず死体を運ぶのを手伝いました。次の日、私は体の具合が悪くなり、鼠蹊部が赤くなり、体が冷たくなったり、寒気がしたりして、高熱が出ました。家族はすぐに防疫隊に行って、ポリッツァー先生を捜して診てもらうように言いました。先生は私を診察し、ペストに罹っていると言いました。そして、私に予防注射をしてくれて、処方した丸薬を飲ませると、そのまま有無を言わせず、臨時隔離病院に数日間入院させました。ポリッツァー先生は、私に『幸いあなたは来るのが早かったので治療が間に合った。もし来るのが一日遅れたら、もう治療方法はなかったよ』と言いました。治療が間に合ったおかげで、私は幸いにも一命を取り留めることができました。」

また、方運勝さん（常徳市街地）、李安谷さん（常徳市桃源）が意見陳述をした。

湖南省の細菌戦被害者との交流

第一回裁判後の一九九八年三月一日から五日まで、鬼束弁護士、西村弁護士と一緒に、湖南省常徳を訪問した。王選さんの案内で常徳市街地、同市石公橋、同市桃源を廻った。常徳には、成田から上海、上海から長沙までと飛行機を乗り継ぎ、長沙から常徳までは自動車で移動するという行程で、一日がかりで着いた。

二日午前九時から、常徳市ホテルで、何英珍さん（六十三歳）、方運勝さん（五十三歳）、黄岳峰さん（七十四歳）ら原告と調査委員会、中国の弁護士との会議を持ち、弁護団から第一回弁論の内容、総理大臣への要請、今後の主張、立証等の訴訟進行、法的問題点を報告した。調査委員会からは「日本政府の対応には怒りを感じる。日本人が訴訟を支えてくれていることに感謝する。多難な訴訟ではあるが、日中の人民が手を結べば事実は必ず明らかになる。調査委員会は今後も努力する」との発言があった。

午後、鬼束・西村両弁護士がホテルに残って、引き続き被害者三人の聞き取りをしてくれている間に、常徳の街を見学した。その後、常徳の弁護士と、除斥期間、国際法の適用問題などについて意見交換を行った。また、七月十三日に予定されている第三回弁論での常徳三地域の意見陳述者を方運勝（常徳市街地）、黄岳峰（石公橋）、李安谷（桃源）の三人にすることを確認した。

三日午前に石公橋に行き、現地調査をして原告六人と懇談した。午後には桃源に行き現地調査をして原告五名と懇談した。夜は、原告の何英珍さん主催の夕食会に招待された。

四日午前、常徳市のホテルで調査委員会と会議を行い、今後の常徳との連絡窓口を外事弁公室通訳の羅建中さんに一本化すること、三人の原告意見陳述書を三月末までに送付してもらうこと、調査委員会が死亡者数の調査を進めることなどを決めた。

細菌戦裁判第一審判決報告会に参加した原告たちと
（2002 年 11 月 2 日　常徳市湖南文理学院）

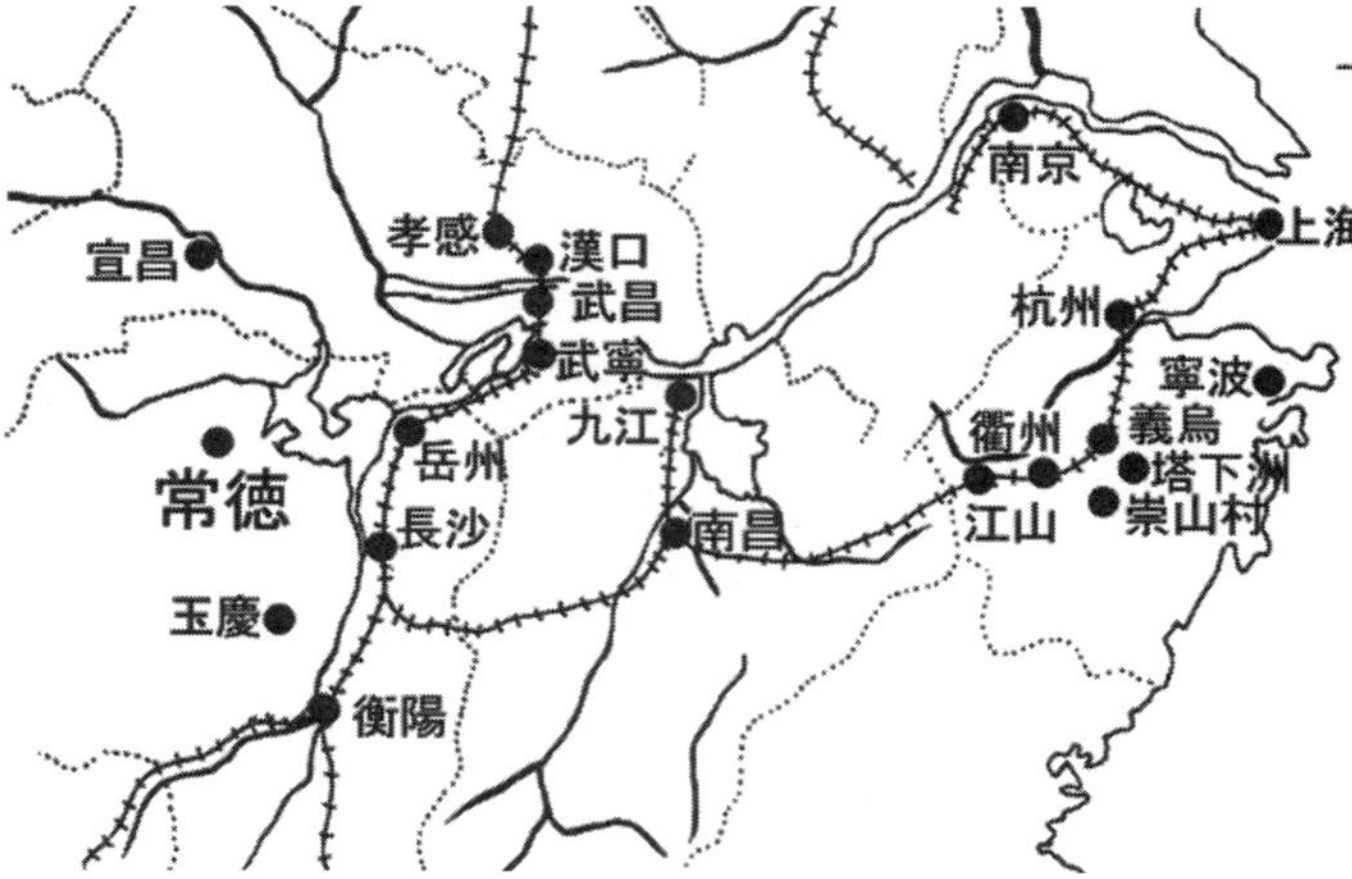

湖南省常徳関係図

原告の何英珍さんの一家は常徳の市街地に住んでいた。十八人の大家族であったが、一九四一年十一月に六人が亡くなった。最初に亡くなったのは義理の姉で、二日前から調子が悪かった。亡くなった日は朝から寒気がし、熱が出ていたが、仕事を続け、食器を片づけてトイレに行こうとしたところで倒れた。高熱が出て呼吸困難になり、頸やリンパ腺が腫れ、間もなく顔色が紫になり、体にも紫の斑点がたくさん出て息も絶え絶えになり、昼には息を引き取った。義姉が死ぬと、火葬されることを恐れて、こっそり遺体を運び出して埋葬した。義姉が死んでから三日目、二番目の姉の夫は、朝食の後、唐辛子を吊楼（後部を支柱で支えて水上に立てた家）に運んで干す途中、階段の前で倒れた。義姉とよく似た病状で、その日の夜に亡くなった。

二人続けて亡くなったので、隠そうにも隠しきれず、瞬く間に「何家では、三日間で二人も死んだ」と隣近所に知れわたった。一家が住んでいた路地は急に人影が少なくなり、重苦しい雰囲気に包まれた。

常徳城内では昼夜、死体を焼却する煙がたちこめ、隔離病院は患者で溢れかえり、異様な緊張した雰囲気が漂った。感染を予防するため、東西南北門とも関所が設けられて、出入りする人はワクチンを注射された。父と兄は運良くワクチンを接種されて生き延びたが、弟と死んだ義姉の二番目の娘はワクチンを注射されていないうちに、ペストに感染して亡くなった。父親は家の不幸を手紙で江西省にいる伯父と叔父に知らせたところ、二人が戻ってきたが、数日後、二人とも同じ病気にかかって、次々と死んだ。

現地に行くと、当時の状況が思い浮かんでくるというより、今まさに人々がペストの病魔に冒されて死と闘い、力つきて死んでいく姿を、目の前で見ている感じにとらわれる。何しろ平和な村や町の何の罪もない人が、ある日突然ペストやコレラの細菌戦の犠牲になるわけだ。

戦争被害者は言うにおよばず、日本人に良い印象を持っていない中国人が多いのは、当然だと思う。けれども、私たちが訪ねる目的が戦後補償であり、被害者の立場に立って、日本の責任を追及しようとしていることがよく分かっていて、逆にすごく感謝される。加害国から来た人間に対して、日本人の中にもこのように自分たちと同じ立場に立ってくれている弁護士がいるのかと、本当に「謝謝(シイエシイエ)」と心から感謝してくれる。歓迎されると悪い気持ちはしないけれども、かえって本当に申し訳ないという気持ちのほうが強い。

中国人たちは、過去の恨みは残っているが、本当に純情で善意に溢れ、私たちのような立場で中国人に向き合おうとする日本人に対しては、大変に理解を示してくれる、悪意のない正直な人たちだ。そういう人たちの家族が、無残にも日本軍の餌食にされ犠牲にされた。親や兄弟、親戚がどんなに惨たらしい被害を受けたことかと思うと、日本人として本当に申し訳ないと、繰りかえし思わざるをえない。

四日午後、常徳を発ち、長沙経由で上海に向かった。五日午前、上海のホテルで開いた記者会見には、文匯報、解放日報、常徳日報、浙江教育テレビ、義烏テレビなどが参加し、中国国内の細菌戦裁判への関心の強さが伝わってきた。記者たちからは率直な疑問をぶつけられた。

その中で常徳日報の劉雅玲さんから、日本の弁護士がどうして自分の政府に反対するのかと質問された。私は、多くの中国人と交流して、自分たちの政府を批判しづらい中国の状況からすると、日本人が自国の政府を真正面から厳しく批判することがなかなか理解されないように感じられた。そうした事情に配慮しながら、「私は日本政府が責任を果たすのを手伝うという気持ちでいます。日中の歴史問題が解決していないままだと、中国人民の心の傷は消えないでしょう。今後中国が強くなったら最初に打たれるのは日本でしょう」と答えた。

一審で明らかにしたこと

私たちは、裁判所に細菌戦の事実を認めさせるため、加害、被害、因果関係、隠蔽の四つを柱にできるだけ丁寧に立証活動をしていった。被害の事実については、被害当事者である原告の意見陳述や被害証言、またペスト流行時の調査報告や研究が中国に残されていて、具体的事実をもとに立証していくことができた。しかし、加害を具体的に明らかにしていくのは簡単なことではなかった。

裁判の冒頭段階では、加害の事実を立証する過程で決定的意義をもった井本熊男日誌（後述）の証拠保全と文書提出命令をめぐって、被告国側と裁判所を巻き込んでのやりとりが続いた。裁判所は、証拠保全、文書提出命令は行わなかったが、原告らの申請する証人のほとんどを採用してくれ、実に専門家証人十一人と原告本人七人の合計十八人の証人尋問を実現することができた。そして、一九九九年十二月九日には、七十二人の原告で第二次提訴をした。

第一審結審法廷への入廷を前に（前列右から原告の楼良琴さん、王錦悌さん、筆者、王晋華さん　2001 年 12 月 26 日　東京地裁前）

裁判所は事実審理については非常に熱心であった。それが判決にも現れて、事実認定については徹底した姿勢で対応してくれた。ただし法律論では、それこそ旧態依然とした論理であった。こうしたことはもちろん予想されていたことだけれども、それにしても、日本の裁判所はなんとまぁ情けないなと思った。

まず、加害事実については、なんといっても旧軍関係者の直接の証言がぜひとも必要だった。そこで、先に述べた七三一部隊に指導的立場で直接関わった井本熊男氏と朝枝繁春氏、部作戦課員として陸軍参謀本七三一部隊の下級隊員であった航空班の松本正一氏、柄澤班で細菌製造にかかわった篠塚良雄氏の供述によって立証しようとした。こうした立証の方向性は、松村高夫教授の方法論によるところが大であった。このうちの松本正一氏、篠塚良雄氏が証人採用された。研究者としては、細菌戦裁判の提訴の原動力となった松村高夫教授と吉見義明教授、中国の地元研究者の辛培林教授（黒龍江省社会科学院、東北アジア国際関係史）の三人によって加害の事実を立証した。

松村高夫教授は、日本・中国・米国・ロシア・英国の一次史料を用いて、個々の証拠価値、証拠相互の関連を考察して、七三一部隊による細菌戦の実行と被害を歴史的事実として明らかにした。

吉見義明教授は、井本日誌発見から井本日誌の全容解明までの経緯を述べたうえで、井本日誌が陸軍内で公式に定められた業務日誌であり、記載されている内容から、①一九四〇年十月に衢州、寧波で細菌兵器を使用したこと、②一九四一年十一月の常徳への細菌兵器使用、③一九四二年の浙贛作戦における細菌兵器の使用は明白な事実であること、細菌戦が参謀本部の指揮命令により実施されたことを歴史学者として明らかにした。

辛培林教授は、「日本の開拓団」の研究から出発して、長年、日本の中国東北部への侵略を研究課題にしてきた。辛教授は、七三一部隊は農地を強奪して細菌兵器製造施設を建設し、農民を労工として強制労働させたこと、抗日分子として捕らえた中国人らを特別監獄に投獄して生体実験の材料としたこと、そうしたことは偽「満州国」をでっち上げて中国東北地方を植民地支配することによって可能となったことを述べた。また大量殺戮を企図した日本軍による細菌戦には、中国に対する民族蔑視が明白にあったと、強く指摘した。

また、ジャーナリストの近藤昭二さんは、隠蔽の事実について証言し、アメリカが実施した細菌戦部隊員などからの聞き取り報告書を中心に、自身が元七三一部隊員から聞き取った供述を加えて、日本が国家意志にもとづいて細菌戦を実施し、その事実を組織的計画的に隠蔽してきたことを明らかにした。

被害の実際については、上田信教授（立教大学、歴史学）、聶莉莉教授（東京女子大学、文化人類学）の二人の専門家証人、黄可泰さん（医師、寧波市）、邱明軒さん（医師、衢州市）の中国の防疫専門家二人の計四人に現地調査によって掴んだ事実を証言してもらった。上田信教授は崇山村に、聶莉莉教授は常徳に赴いて被害者から聞き取り調査をした。上田教授、聶教授は、それらの実地調査にふまえてそれぞれの地域社会の特質、疫病伝播の構造、疫病による地域社会の破壊を明らかにした。黄可泰証人は寧波で調査を行い、また邱明軒証人は衢州・江山で調査を行い、地元の防疫専門家の立場から寧波と衢州・江山の細菌戦被害の実態について明らかにした。

このように、細菌戦裁判の一審では、被害者による被害事実の証言、加害者の告白、歴史学・社会学・ジャーナリズム・防疫医療など多様なジャンルの専門家による解明によって、細菌戦の実態を縦横無尽に明らかにしていったと言うことができる。

さらに裁判で細菌戦の事実を確定させるためには、細菌戦による疫病の流行を疫学、細菌学の立場から医学的に解明することが重要であった。前述の松村教授、吉見教授らの先行的研究に依拠しながら、中村明子教授（東京医科大）は、鑑定と法廷証言によって、細菌作戦の実施と現地でのペストやコレラの流行との因果関係について、疫学的な分析を行った。中村明子教授の鑑定は、細菌学者としての知見に基づき、一九四一年十一月以降常徳市で流行したペストに関する第一次資料を用いて、細菌戦と被害（ペスト流行）との因果関係について正面から解明するものであった。

このような立証活動によって、被害の原因であるペストやコレラと被害結果の因果関係を究明し、ペスト感染ノミが細菌兵器となる仕組みや感染経路を科学的に実証することができた。これは、細菌戦裁判で得た大きな成果であろう。そして、これらは判決の事実認定に大きな影響を与えた。

控訴審での立証活動

控訴審では、専門家証人として十人を申請し、一審で不十分だった点、やり残した点を立証しようとした。被害事実については、江田憲治教授（京都大学教授、中国近現代史）が、現在も中国で、齧歯類の動物間でペストの流行がないかどうか検査していることなど、細菌戦の被害が今日もなお継続している事実。聶莉莉教授は、細菌戦によって家庭や家族、そして地域社会が根底から破壊されてしまった実態をとおして細菌戦の残虐さを示した。陳致遠教授（湖南文理学院、歴史学）、楼献教授（杭州商学院、社会学、弁護士）、裘為衆氏（寧波市工人文化宮記者）は、被害者の証言、当時の記録資料、現在の防疫対策などのデータから、疫病罹患者の分布地図を作製し、各原告の居住地がその分布の範囲内におさまることを示すなど、原告の細菌戦による被害事実の裏付けを明らかにした。また、兒嶋俊郎助教授（長岡大学、中国近現代史）は、国会質疑を中心に、戦後における七三一部隊の戦争犯罪と日本政府の責任について分析をした。

法律論では、管建強教授（上海の華東政法学院、国際法）、殷燕軍教授（関東学院大学、日中関係史）の二人に日中共同声明による請求権放棄論批判を、岡田正則教授（早稲田大学教授、行政法）に、国家無答責の法理批判を、申惠手助教授（青山学院大学、国際人権法）には、ハーグ条約三条論について担当してもらった。

これら専門家の鑑定書をすべて証拠として裁判所に提出した。また、この中から、事実関係の三人（陳致遠教授、楼献教授、裘為衆氏）と法律論関係一人（管建強教授）の四人が証人として採用された。また、延べ七人の原告が意見陳述を行い、原告本人の尋問では、胡賢忠さん（寧波）と熊善初さん（常徳）の二人が採用されて証言をした。

控訴審の審理で、法律論の焦点の一つになったのが国家無答責の法理についてであった。被告・日本政府が鑑定書に反論してきたため、岡田正則教授が鑑定書に加えて鑑定補充書を三回提出して、被告国との間で法律論争を行った（その後、岡田教授は、「明治憲法体制確立期における国の不法行為責任――国家無答責の法理と公権力概念」を『南山法学』に五回にわたり連載し、結論として、「国家無答責の法理は、判例法理であるので、国家賠償法附則六項にいう『従前の例』には該当しない。また実体的内容は今日の法体系の下ではもはや妥当性を持たないので、現代の裁判所においてこれを適用するのは許されない」と指摘している）。

加害の事実の証明

細菌戦実施を記録していた井本日誌

この裁判で井本日誌の存在は非常に大きかった。何十年も前の、しかも実体としては残ってない細菌戦を証明していくのは大変に困難であったが、井本日誌は決定的証拠ということができる。井本日誌というのは、当時陸軍参謀本部作戦課の部員で、「支那」派遣軍参謀を務めていた井本熊男氏が書いていた業務日誌二十三冊であり、現物は防衛省防衛研究所の図書館に所蔵されている。井本氏は、七三一部隊と参謀本部との連絡を任務としていたので、日誌には七三一部隊の活動の詳細が記載されている。井本日誌の存在は以前から知られ、『戦史叢書』（防衛研究所戦史室編）にも引用されているほど有名だが、一九九三年八月、吉見義明教授と伊香俊哉氏（現都留文科大学教授）とが、防衛省防衛研究所図書館に保管され公開されている原本を精査した結果、井本日誌には、七三一部隊による細菌戦攻撃が具体的に記載されていることを確認、共同でその内容を発表した。

それを見ると、例えば、一九四一年十一月二五日の項で、井本氏は次のように書いている。

一、長尾参謀〔正夫「支那」派遣軍〕ヨリ㋭号ノ件

4／11朝目的方向ノ天候良好ノ報ニ接シ97軽一キ出発〔以下四字分抹消〕。〇五三〇出発、

〇六五〇到着
霧深シ　Hヲ落シテ捜索　H800附近ニ層雲アリシ為1000m以下ニテ実施ス（増田少佐操縦、片方ノ開函不十分、洞庭湖上ニ函ヲ落ス）
アワ36kg、其後島村参謀捜索シアリ
6／11常徳附近ニ中毒流行（日本軍ハ飛行機一キニテ常徳附近ニ撒布セリ、之ニ触レタル者ハ猛烈ナル中毒ヲ起ス）
20／11頃猛烈ナル「ペスト」流行各戦区ヨリ衛生材料ヲ集収（ママ）シアリ

判決
「命中スレハ発病ハ確実」（「井本日記」第十四巻『季刊戦争責任研究』二号）

業務日誌はメモ風に書いてあって、意味をとりづらいが、その文章を読み解くと次のようなものである。

一九四一年十一月二十五日に、「支那」派遣軍の長尾参謀より、㋭号（細菌戦作戦名）作戦を実行したという報告を受けた。

十一月四日朝、目的方向（細菌作戦の攻撃地点）の天候は良好であるという報告を得たので、増田美保少佐の操縦する陸軍九七式軽爆撃機一機が、「アワ」（ペスト感染ノミ）三十六キログラムが入った函二箇を搭載して、朝五時三十分（日本時間）に飛行場を飛び立ち、六時五十分常徳市街上空に達した。報告では天候は良好ということであったが、常徳付近は霧が深く、また高度八百メートル附近に層雲があった。このため、攻撃機は千メートル以下まで降下して函を開き、ペスト感染ノミを投下・撒布した。しかし、片方の函が十分に開かなかった。開かなかった函は洞庭湖に落とし、後に島村参謀が捜索した（常徳に対する攻撃では、撒布器による雨下という方法ではなく、開函してペスト蚤を投下するという方法がとられた）。

十一月六日と二十日の記述は、ペスト菌攻撃で常徳付近では激しくペストが流行している、としている。六日の記述に、「日本軍は飛行機一キにて常徳附近に（ペスト菌を）撒布せり。之に触れたるものは猛烈なる中毒を起す」とあるのは、現地で把握されている情報であろう。また、二十日に「ペスト流行の対策のために各戦区から衛生材料が集められている」というのは、激しいペストの流行に対して、懸命な防疫活動が行われたことを示している。そうして、この作戦の成果評価（判決）は、「命中すれば発病は確実」であるとして、ペスト感染ノミを用いた細菌戦攻撃は有効であるとの判断を行った。

以上の記述は、常徳への細菌戦実施を証明する大きな物証であり、また、当時の常徳の地元新聞の報道とも一致している。井本日誌にはその他にも、細菌戦に関した沢山の記載がある。

井本日誌は、本来作戦要務令によって記述・提出が義務付けられていた、いわば公の文書である。私たち弁護団は、被告国に対し井本日誌二十三冊を法廷に提出するように、証拠保全と文書提出命令を申し立てた。ところが、被告国は、証拠として裁判所に提出するのを頑なに拒んだ。

井本日誌の真実性・信憑性を確信

そこで私は、一九九八年六月に、井本熊男氏（一九〇三年生まれ）に書簡を送った。その中で、日誌が、細菌戦の事実を示す重要な正史資料であり、細菌戦裁判の有力な証拠となることから、井本日誌を証拠として提出するために是非とも井本氏の協力を得たいと書いた。そして「作成者御自身としての独自の御見解もおありのことと存じます」ので、直接にお会いしたいと要請した。井本氏からは、自宅への訪問を快諾する返書をもらったので、七月十日に、一瀬弁護士とともに井本氏を訪ねた。

井本氏は九十五歳の高齢で耳が遠かったので、紙に書いた質問事項を読んでもらいながら、それに答えてもらった。

井本氏は、「この問題（七三一部隊の活動）に関しては、世間からずいぶん批判的な声があった。七三一部隊に陸軍参謀本部が協力して、『支那』（ママ）に対して残酷な仕打ちをした。正式な防疫給水部のほうは非常に立派な行動をしたけれども、細菌戦のほうは、誰でも顔をしかめることをした。七三一部隊の話を聞いて、賛成した軍人は多くはなかったと思う」と述べた。

井本氏は自身の関与について、「井本という個人としてではなく、参謀本部として、参謀総長の下で一つのグループになって、七三一部隊に対する仕事をやった。どういうことかと言うと、七三一部隊があんまり人道に反することをせんように、監督指導するものであったと私は了解しています。それに対する反発はありました。私は、当時、昭和十三、十四、十五年の間、関係していた。私は参謀本部作戦課で一番の小僧っ子で、私より若い参謀はいなかった。

私の仕事は、石井部隊、七三一部隊と参謀本部との取り次ぎだった。窓口になれと言われたのだ。七三一部隊からの報告、要望を聞いて、それを作戦課長に報告する。私は聞くだけで、何の権限もない。私は作戦課長に報告するだけだった。それを作戦課長以上がどう処理されたか、承知していない」と述べた。井本氏は、自分には権限がなかったので責任もないということを強調しながら、参謀本部として七三一部隊の指導監督を行っていた、つまり細菌戦に陸軍中枢が関与したことを認めた。また、井本日誌については、「七三一部隊の細菌戦のことで、私が書いているものは、七三一部隊が私に教えて、いろいろ話したことだけしか書いてない。……手帳の性質はそういうもの。ご覧になると分かる」と、七三一部隊から報告を受け、それをありのまま日誌に書いたことを認めた。

私は井本氏に、井本日誌を裁判所に提出してほしいと依頼した。井本氏は、「この手帳をお見せするか、法廷に提出するか。どうせ、これはもう暴露されているものだから、提出したほうがいいと私は思っている。私は、国側の代理者に会って相談したうえで提出しようと思うが、どうだろう。そういう処置を取り、なるべくご意向に沿うように話したい」と同意した。

また、裁判官による井本氏自宅への出張尋問について「応じてもらえるか」と聞くと、井本氏は、「よろしゅうございます。話すことができなかったこともう少し敷衍して」と答えた。

しかし、その後国側代理人と協議した井本氏は、代理人弁護士を通じて、文書提出命令に同意できないという書面を提出し、そのあとしばらくして他界された。

私は、井本氏と直接に会って話をしたことで、井本日誌が真実を書いており、その内容の信憑性を確認することができた。法廷では、井本氏面談の経過を報告して、裁判官に証拠保全の手続を採るよう強く求めた。裁判官は、被告国の強い反対もあって、証拠保全の手続を採らなかった。だが、井本氏が面会した際語った事実は、裁判官の心証に大きなインパクトを与え、それが「細菌兵器の実戦使用は、……陸軍中央の指令により行われた」（細菌戦裁判一審判決）という認定の裏付けになったと確信している。

七三一部隊証拠隠滅の事情（朝枝元参謀の供述）

七三一部隊が陸軍中央の命令にもとづいて細菌戦を行ったことを実証する証人として、陸軍参謀本部作戦課（対ソ作戦担当）参謀だった朝枝繁春氏（一九一二年生まれ）を証人申請した。

朝枝氏は、関東軍の参謀であったとき七三一部隊を担当していた。そのこともあって、日本が敗戦し、七三一部隊の人体実験や細菌戦などが暴露されたあかつきには、天皇の戦犯問題が起こると考えた。一九四五年八月九日、上司の天野正一作戦課長に証拠隠滅を提言した。

提言を受けた天野少将から、七三一部隊石井四郎部隊長へ命令を直接伝えるよう指示され、河辺虎四郎参謀次長発関東軍・七三一部隊宛て至急電を打つことを許可された。この至急電は、暗号で「今次ソ連の対日参戦にあたって、貴部隊の処置について、朝枝参謀をして指示せしむるにつき、翌八月十日午前十一時ごろ、新京軍用飛行場において待機せらるべし」という内容だった。

東京を飛び立った朝枝氏は、予定どおり「新京」第二軍用飛行場に着陸した。そして、待機していた石井四郎隊長に対して、「参謀総長に替わり貴部隊の今後の処置を申し上げる」として、施設を爆破し、マルタは処理しボイラーで焼却しその灰を松花江に流し、博士号をもった医官五十三名は軍用機で直路日本へ送還し、職員は南満州鉄道で一刻も早く日本本土に帰国させよ、と命じた。一切の証拠物件を永久に地球上から抹殺しようとしたのである。

朝枝氏は、法廷での証言を承諾し、陳述書を裁判所に提出したが、残念なことに体調をくずし証人採用前に亡くなられたため、法廷での証言は実現しなかった。

細菌製造、生体実験の実際（篠塚証言）

篠塚良雄さん（一九二三年生まれ）は、一九三九年にハルビン市平房の七三一部隊に少年隊として入隊し、一九四一年七月から第四部（細菌製造）の第一課（培養生産）の柄澤班に配属され、細菌の大量生産に関わった。

篠塚さんは、自らの体験を次のように告白した。

「細菌の大量生産は、石井式培養缶を使ってロ号棟の一階で行われました。部隊の設備をフル稼働させると、千缶の石井式培養缶を操作することができ、培養時間を含めて全行程約三十時間で十キログラム以上という膨大な量の病原細菌を造ることが出来ました。

細菌の『植え付け』と『掻き取り』作業の時は、柄澤班長と班付き将校が無菌室に入って来ました。『植え付け』の時は、雑菌の混入を最小限にするためには短時間で細菌を塗り付ける以外になかったので、『如何に手っ取り早く、無菌的に、確実に』培養面に細菌を塗り付けているかを監視するためです。掻き取った細菌は、いつも柄澤班長が自分で秤量していました。

作業はとても危険で、作業終了後は、必ずクレゾールの風呂に入ります。しかし慣れない者は細菌に感染してしまいます。感染して亡くなった隊員も少なくなく、私と一緒に平房に来た少年隊の仲間でも、感染して死亡した者がいます」

細菌の大量生産が陸軍の作戦命令で行われたことに関して、こう述べた。

「細菌の大量生産時には、仲間内で、『サクメイでやる』とか『テストでやる』と言っていました。『サクメイ』とは作戦命令の略称です。私自身も『関作令（関東軍作戦命令）第〇号』という命令があると、（決まって）細菌の大量生産が行われることを体験しています。細菌製造に従事したほとんどの隊員は、細菌の大量生産が作戦命令によって行われていることを知っていました。

義烏市の原告張彩和さん（右）は、1941 年ペストで両親を殺された憎しみ、悲しみを篠塚良雄さんに切々と語った。（2001 年 11 月 24 日　東京）

上司は、細菌をどこに持って行って何に使うのかは、最後まで話そうとはしませんでした。しかし、七三一部隊が石井式培養缶で生産した細菌を、中国で飛行機から投下したり、地上謀略で使って、中国人を疫病に感染させ大量殺戮を狙っていたことは、私たち下級の部隊員でも知っていました」

篠塚さんによれば、人体実験と生体解剖には、細菌の殺傷力を試す目的のものがあったという。

「人体実験と生体解剖の目的は、自分たちが作った細菌の殺傷力がどの位あるのか、またワクチンとの力関係はどうかを、生きた人間を使って実験し、生きたまま解剖してその結果を見るためでした。

私は、自分が最初に関わって生体解剖した中国人の男性のことを、今もよく憶えています。その人にはワクチンを注射しなかった。頭脳明晰といった感じのインテリ風の人で、私は採血をし、その男性から睨み付けられると、目を伏せる以外にありませんでした。ペスト菌に感染させられたその男性は、ペストが進行するにつれて、顔や体が真っ黒になりました。

その男性は、まだ息のある状態で、特別班によって、裸のまま担架で、私たちのいる解剖室に運ばれてきました。その男性は、解剖台の上に寝かされました。班付軍医が、私に対し、解剖台の男性の体を洗うように命令し、私は、ゴムホースから水を流して、デッキブラシで男の体を洗いました。私は、初めての解剖でしたから、手や足がもたついていました。顔をデッキブラシで洗う時、強く躊躇したことを憶えています。解剖刀をもって立っている課長が、私に、早くしろと合図し、私は、目をつぶって解剖台の上の男の顔をデッキブラシでこすって洗いました。班付軍医が、その男の胸に聴診器をあてて心音を聴きました。その聴診器が男の体を離れると同時に、解剖が始まりました。

私は、命じられるまま、その男性の解剖されて切り刻まれた臓器を、コルベンに入れたり、準備していた培地に塗りつける作業を行いました」

篠塚さんは、敗戦後、中国人民解放軍に加わり中国で生活していたが、七三一部隊にいたことが一九五二年に発覚して逮捕され、撫順戦犯管理所に送られた。一九五六年中国政府より起訴免除になり、帰国した。その後中国帰還者連絡会の結成にかかわり、積極的に「歴史の語り部」として証言活動を行ってきた。法廷での証言は初めてだったが、体験者として生の証言をした。

私は、篠塚さんと中国に一緒に行ったことがある。篠塚さんは、このとき、初めて細菌戦の遺族達に対面することになった。篠塚さんは、上官の命令とは言え、無残にも多くの罪なき中国人の命を奪った、自己の恥ずべき過去の体験を包み隠すことなく率直に語り、目の前の遺族たちに心から詫びて話を終った。前にも述べたが、そのとき、多くの遺族たちがどっと彼に走り寄って、手を握りしめた。篠塚さんの誠実な姿を被害者は受け入れてくれたのである。

航空班による細菌撒布（松本証言）

松本正一さん（一九二〇年生まれ）は、一九三九年に熊谷陸軍飛行学校を卒業し、一等操縦士の資格を取った。すぐに七三一部隊航空班に配属され、一九四五年八月までパイロットの軍属を務めた。松本さんは、一九四〇年夏から秋にかけて三か月ほど、杭州への出動を命じられ、杭州作戦に参加した。細菌撒布などの作戦行動に直接には参加しなかったが、この時同じ航空班の幹部や隊員から作戦について聞いていたという。

松本さんは、最初証言を引き受けることを躊躇していた。私は、埼玉県の自宅を訪ね、細菌戦裁判の意義と体験者の証言の重要性を説いて、法廷証言をお願いした。証言を承諾した後は、松本さんは、杭州作戦について弁護団に語ってくれ、当時の写真も提供してくれた。一九九八年八月には篠塚さんと共に、三日間、ハルビン市平房の七三一部隊本部跡地の現地調査に参加し、当時の体験を説明してくれた。このときの記録は、「七三一部隊本部施設現地調査写真撮影報告書」に作成し、裁判所に書証として提出した。

松本さんは、杭州作戦での、井本日誌にも記載されていた衢州、寧波などへの細菌戦実施について生々しく供述している。

「杭州では、細菌作戦が実施されたようです。私は直接細菌作戦に参加はしませんでしたが、作戦の前後にその内容を幹部やその他の隊員から聞きました。

その一つは、一九四〇年の秋頃、単発の九七式軽爆撃機で、増田さんが操縦士、衛生兵の今村さんが爆撃手として同乗し、ペストに感染した蚤を二つの箱（函）の中に入れ、飛行機の翼の下に設置し撒布しました。攻撃地は衢州で、『衢州作戦』と呼ばれていました。この攻撃では、設置した二つの箱のうち、一つは衢州上空で開き、蚤を撒布したとのことですが、もう一つは不発で蚤が残り、終了後、箱は途中で捨てたと聞きました。

その後も、増田さん、平沢さんや佐伯さんらが単発の軽爆撃機で細菌攻撃に出動しました。この細菌戦の目的地は衢州、寧波（この時は『寧波作戦』と呼ばれていました）、杭州だと聞きました。前の失敗に基づいて、蚤を入れる箱を小さくし、流線型のものを使いました。これは五段位の蚤が入った平たい箱が重ねてあり、投下時に電磁石で箱の前と後ろが開き、風で蚤が箱から飛び出し落下する仕組みになっていました。この箱を九七式単発軽爆撃機の翼の下に取り付けるのです」

731部隊航空班員（右端が松本正一さん）

松本さんはさらに、「七三一部隊の航空班は、この作戦に限らず、ペスト感染蚤を中国各地に撒布していたようだ」と証言した。

「ある日の実験では、八八式二型で、ペストに感染した蚤を撒布しました。操縦は萩原さん、爆撃手として衛生兵の今村さんが同乗しました。函の着装は、航空隊ではなく専門の技師である山口班が行いました。この実験は、地上に検知板を置き、地上にどのくらい散布したかを調べるものです。高度三百から五百メートル位を低空飛行して撒布しました。実験地は、杭州の銭塘江辺りでした。私は、この実験そのものには直接参加しませんでしたが、銭塘江に撒布した後、その効果を調べるということで現地へ行ったことがあります。

また、ある攻撃作戦の際、ペストに感染した蚤を飛行機から撒布しようとしたときに函の後ろが開かず、中で蚤が渦巻いてしまいうまく落ちなかった状態で、覓橋の飛行場に引き返してきたことがありました。ところが、飛行場の草むらの中で函が開いてしまい、中の大量の蚤が出てきました。慌てて消毒しましたがうまくいかず、結局飛行機ごと燃やしたことがあります」

松本さんは、航空班にいて細菌作戦の実態をもっともよく知る人であるが、自らが直接関与したかどうかについては、口が重く最後まで語らなかった。そして、七三一部隊による細菌作戦の事実を、あくまでも同僚から聞いたことの伝聞として語っている。けれども、私には、彼の話を聞けば聞くほど、それは彼が直接に体験したことではないかと思えて仕方なかった。

感染ノミとペスト流行の疫学的関係

私は、細菌戦の立証をしていくうえで、被害がペストやコレラという疫病であるため、原告らが被った被害が、日本軍の細菌戦を原因としたものであり、決して自然流行によるものではないという、因果関係を実際に証明していくことが一番難しいと思っていた。実際、細菌学的疫学的な方法で、因果関係を科学的に証明して、しかも法廷で証言してくれる専門家を捜すのは、大変なことであった。

それを中村明子教授が引き受けてくれた。本来からいうと、もともとは旧国立予防衛生研究所に約四十年間勤務された役人的立場もある研究者なので、初めはこういった問題に深入りするのを躊躇されたと思う。私たちも、最初から中村教授のことを知っていたわけではない。成田空港や大阪空港などの裁判で航空機騒音が健康に与える影響について専門家証人として出廷していた長田泰公氏（元国立公衆衛生院院長）に、未解明であった炭疽菌の被害立証を相談し、その縁で中村教授にも勉強会に参加してもらった。

中村教授は、科学者としての立場から、その良心にしたがって七三一部隊によるペスト菌の撒布とその地域でのペストの流行の関係を明らかにした。中村さん自身、調べれば調べるほど細菌戦の惨さを十分に感じとられたのであろう。

先に触れたように、常徳市では、一九四一年と四二年に市街地で二回のペストの流行があった。その後、周辺の桃源県、石公橋で流行し、さらにその周辺の農村部で流行した。中村教授は、井本日誌などの日本側の第一次資料と中国側の防疫資料とをリンクして、疫学上の観点から、湖南省常徳市における細菌戦被害について非常に緻密な科学的分析を行った。

私は、一審の東京地裁の法廷で中村教授への証人尋問を担当した。中村教授は、一九四一年以降、湖南省常徳で発生したペストの流行と日本軍による病原体撒布との因果関係を、細菌学および疫学の観点から証言した。以下、その内容のほんの一部だが、証人尋問記録を少し整理して紹介しておこう。

常徳市街の第一次流行は細菌撒布が原因

土屋　ネズミにたかっていたノミが人を咬んで人の血を吸って、それで人が感染するという経路もあると思うが、この常徳の場合はそういう仮説は成り立たないのですか。

中村　常徳の場合は、第一次流行の場合にはペストにかかって死んだネズミが見つかっていない。ネズミの流行から人間に入ってきたのではないか？　これ（そのような仮説）を否定することは、大変重要な作業です。（ところが当時現地では）死んだネズミが見つかったら届けるようにと呼びかけても、これは全く集まってこなかった。（このことから）ネズミの間の流行がなかった。いきなり人間の世界に流行が来たというふうに考えたわけです。

土屋　そうすると、飛行機から落ちた穀物と一緒に来たノミがどのようにして人間にたかったのですか。

中村　落とされましたノミが人間に、当日すぐ、その近辺にいた人に直接接した場合には、腺ペストの潜伏期の後に病気が発症するわけです。常徳の場合は（十一月）十一日という、ちょうど七日目に発症した人が二人。それから、八日目が二人というふうな形で、八名中四名が投下してから一週間近辺で発症している。

　これはネズミを経由していないだろうというふうに見たわけです。

土屋　ネズミを経ないで、落ちてきたノミが直接人にたかったと？　そのために罹ったとしか考えられないということですね。

中村　はい。

義烏の被害者陳知法さん（左）から聞き取りをする中村明子教授（右）。中は通訳の厳芸粧さん。（2002 年 2 月）

ネズミがなかだちの感染ノミによる第二次流行

土屋　常徳の場合の二次流行について説明してくれますか。

中村　一次流行が終わりまして、しばらく患者も出てこないという状況はあった。けれども、常徳の場合には防疫対策上、ネズミの存在、感染ネズミというものの検査を続けなければいけないという、その専門家のアドバイスに従って、ネズミの調査をずっと続けておりました。そうしましたら、ちょうど二か月ぐらい、その前、一月ぐらいからですけれども、感染したネズミの死体の数が徐々に増え始めました。それを見ているうちに、ネズミの感染数が非常に多くなった時点で、今度は人のペスト患者が発生し始めた。これを二次流行というふうに見ます。この二次流行は、これはネズミの流行が人間に及んだ流行だというふうに考えられると思います。

土屋　最初のノミに刺されて犠牲になった患者がいる。そのノミは人間だけでなくて、ネズミにもたかったということですね。

中村　それもあると思います。

土屋　そのネズミがペストにかかる。そして、そのネズミが死ぬとどうなりますか。

中村　ネズミが死にますと、ノミはそのネズミの死体から離れまして、また新たな宿主といいますか、新たな動物を探す。これがネズミであったり、あるいはそこに人がいれば人を刺したりというふうな形で広がっていくわけです。

土屋　二次流行というのは、ネズミにたかったノミ、そしてそれによって死んだネズミ、そのネズミから離れたノミが人間を刺して、それがしばらくたって起きた二次流行ということになるわけですね。

中村　はい。

常徳市街地の流行から周辺農村部への伝播

土屋　常徳の付近の一次流行、二次流行、その後に桃源県の方にまた発生しているのですけれども、常徳の発生と桃源県の発生との間に何か関係があると思われますか。

中村　これは資料を見ておりますと、常徳で三月から六月に二次の流行がございましたけれども、ちょうどそのときに桃源から常徳に来ていた一人の住民が、常徳から桃源に戻っております。そこでペストを発症しているわけですね。それを看病した家族から、周辺に次々に移っていったということで、この桃源の初発患者は常徳から菌を持ち込んだ人間であったという可能性が非常に強いと思います。

（中略）

広徳病院
常徳市旧県城東門外にあった長老派宣教病院。日本軍機から投下された物が最初に持ち込まれ、譚学華副院長と汪正宇技師の検査により、ペスト菌撒布の証拠となった。広徳病院には、多数のペスト患者が運び込まれ、治療を受けた。（1997 年 4 月 28 日撮影）

土屋　自然流行である可能性ということは考えられますか。

中村　形としては、ノミに感染してペストにかかったネズミ、そしてまたペストにかかったネズミからノミが菌を持ってということで人間社会に感染を広げているわけですから、これは自然の形なんですけれども、この因果関係から見ますと、一次流行というのが常徳にはあって、その後で、そこで感染した人からノミを介してネズミの世界に入り込んだのか、あるいは（ペスト菌が）直接落とされたネズミの中にも一次流行があったのか、これはよく分かりません。二次流行は自然流行の形をとっているとは思いますけれども、これはつながりがない。形は流行に似ているけれども、これは、疫学的な解析では（二次流行と）連動している一つのつながりである、というふうに考えなければ説明がつきません。

中村教授は、ペスト菌を細菌兵器に用いる残虐性について、「細菌戦というのは、因果関係が明確であれば良いのですけれども、加害者が誰か分からないときには、被害者である自分が加害者のような気になる。これが感染症という、伝染病のときの非常に大きな問題なのですけれども、これを、人為的にペスト菌という非常に強力な菌をまき散らして社会に害を与える。これは非常に長い間、その地域を蝕んでいったのではないかというように思いますと、細菌兵器というものの残虐さというものをまざまざと思い知らされるということを、資料を見ておりまして痛感させられました」と、細菌学の研究者として感想を述べられた。

また、中村教授は、常徳および近郊におけるペストの流行では、当時のペスト流行の防疫対策の一つが汚染家屋の焼却であるため、営々として築きあげてきた先祖代々の家を守ろうとして患者を隠した結果、届けられた患者は流行の一部であり、隠匿された患者が流行を拡げてしまう結果になったと、常徳の周辺部に伝播した理由を的確に指摘した。

このように、中村証言は、科学的に十分な根拠を明らかにして、日本軍による細菌戦の攻撃と中国における被害との因果関係を明々白々にしていった。

一方、被告の日本政府は、中村証人尋問においても、何らの反論もせずだんまりを決めこんだ。もし、因果関係について、国が猛烈に対抗意識をもって躍起になって反論するとすれば、因果関係の立証段階で、相当真剣に反対尋問をしたり、事実関係の主張の中で猛烈に因果関係論で争うということも予想された。

しかし、やはり国といえども自分達のやったことに対する自省の念がどこかにあるのかもしれない。そのせいか、法廷の場面で争う姿勢を殆んど見せなかった。それなら証拠の認否で、初めから事実を認めれば良いではないか、と誰しも思うだろう。ところが認否では黙するだけで、否認もしないし、かといって認めもしない。事実を否定する自信がないからということもあるし、明らかとなった事実の惨さについて、あれこれ屁理屈をこねて否認するのは、日本国の無反省ぶりを一層さらけ出すことになるので、事実の認定では争うことを避けたのだろう。事実を争って、かえって国際法に重く違反する日本軍による細菌戦の実態がますます実証されれば、国にとって何のプラスにもならない。むしろマイナスだと判断したのであろう。それより被告の日本政府は、法律論で責任を回避しようという非常に姑息な方向に逃げこんだと言うことができる。

事実を認定、請求は棄却した判決

判決についての新聞論調

細菌戦裁判の一審は、二〇〇一年十二月二十六日に四年間の審理を終えて結審し、二〇〇二年八月二十七日に判決公判が行われた。一審判決にはマスコミも注目し、大きく報道された。翌朝の朝日新聞も、毎日新聞も「七三一部隊訴訟　細菌戦の存在認定」という大見出しで裁判の結果を伝えている。

朝日新聞社説では、「細菌戦を歴史的事実として認める判決を言い渡した」が、これは「司法として初めての判断だ」と強調したうえで、「ところが、奇妙なことに、裁判で国は、七三一部隊が細菌戦を展開したかどうかについて、肯定も否定もしなかった。事実の存否は棚上げにして、日本には賠償責任がないという法律論に終始した」と日本政府の裁判に対する対応の問題点を挙げている。

そして、「政府はこれまでも、七三一部隊に関しては国会などで『具体的な活動状況を確認できる資料は存在しない』と述べ、知らぬ存ぜぬを決め込んできた。

しかし、国家が、それほど遠くない過去の重大な行為について放置するのは許されまい。事実をはっきりさせないのは、国民に対して無責任だ。近隣諸国にとどまらず諸外国から、いっそうの不信の目で見られるだろう」と厳しく日本政府を批判している。この社説の書き出しで、「目を背けてすむのか　七三一部隊訴訟」と題して、「過去の歴史から目を背けることは、もうそろそろやめなければならない。七三一部隊訴訟に対する国の態度に、改めてその思いを強くする」とあるのが印象的である。

結論として、「事実と責任の所在を自らの手で明らかにしたうえで、賠償を求める人々にどんな救済が可能なのかを考えていく。それが、まっとうな国のあり方だろう。過去を正視してこそ未来がある。問われているのは、日本という国家そのものだ」と断じている。

遺影を掲げる原告らとともに第一審判決の法廷に向かう。（右から楊其妹さん、筆者、楊大方さん、楼献弁護士、王選さん、張曙さん、丸井英弘弁護士、徐万智さん、１人おいて一瀬敬一郎弁護士　2002 年 8 月 27 日東京地裁前）

また琉球新報の社説は、「求められる補償への道　七三一部隊判決」と題して、「細菌戦被害が正面から問われた訴訟は今回が初めてであり、そういった意味では画期的な判決といえよう。この事実を否定、わい曲、隠ぺいする動きもあっただけに、なおさらこの判決は重いものがある。……『謝罪すべきは謝罪し、償うべきは償う』ことが、戦争責任のとり方である」と論じた。

細菌戦の事実と因果関係を認定

一審判決は、詳細な事実認定を行い、明確に細菌戦を認定した。

まず「同部隊は、昭和十三年（一九三八年）ころ以降中国東北部のハルビン郊外の平房に広大な施設を建設してここに本部を置き、最盛期には他に支部を有していた。

同部隊の主たる目的は、細菌兵器の研究、開発、製造であり、これらは平房の本部で行われていた。また、中国各地から抗日運動の関係者等が七三一部隊に送りこまれ、同部隊の細菌兵器の研究、開発の過程においてこれらの人々に各種の人体実験を行った」とした。被告国がどのようにダンマリをきめこみ言い逃れようとも、最早、七三一部隊の行った事実は決して消しさることができないものとなった。

ただ、七三一部隊の存在はすでに、家永教科書第三次訴訟最高裁判決でも認定されている。判決の意義は、細菌戦が行われた事実を明確に認定したことであろう。

判決は「一九四〇年（昭和十五年）から一九四二年（昭和十七年）にかけて、七三一部隊や一六四四部隊等によって、次のa、f、g、hのとおり中国各地に対し細菌兵器の実戦使用（細菌戦）が行われた」として直接攻撃を受けた衢県（衢州）、寧波、常徳、江山の各地域の被害を詳細に認定している。

「衢県でのペストは、次の義烏、東陽、崇山村、塔下洲のようにその周辺の地域にも伝播し、大きな犠牲をもたらした」として同地域の被害を詳細に認定した。また「一九四二年（昭和十七年）三月以降、常徳市街地のペストが農村部に伝播していき、各地で多数の犠牲者を出した。なお、『常徳市細菌戦被害調査委員会』によれば、調査範囲は極めて広いが、常徳関係のペストによる死亡者は七六四三人に上るとされている」と述べ、ペストが伝播して流行が拡大し、合計一万人を超える死亡者が出たと判断した。そこて、「これらの細菌兵器の実戦使用は、日本軍の戦闘行為の一環として行われたもので、陸軍中央の指令により行われた」ことを認めた。

さらに一審判決は、細菌戦被害の深刻性についても「本件の被害地域のように人的な繋がりが強い地域では、ペストはそのような社会形態を介して伝播し、人々を次々に死に追いやることから、差別とお互いの疑心暗鬼を招き、地域社会の崩壊をもたらすとともに、人々の心理に深刻な傷跡を残す。そして、ペストは本来齧歯類（げっしるい）の病気であることから、ヒト間の流行が治まった後も、病原体が自然の生物界で保存され、ヒトの間に感染する可能性が長く残存する。その意味で、ペストは、地域社会を崩壊させるだけではなく、環境をも長期間に渡って汚染する病気であるといえる」「コレラは、伝染力が強く、次々と死者が出ると地域において差別やお互いの疑心暗鬼を招くことが多い」とした。

二〇〇五年七月十九日の控訴審の東京高裁も、「昭和十五年（一九四〇年）から昭和十七年（一九四二年）にかけて、旧日本軍七三一部隊や一六四四部隊等によって、（中略）細菌兵器の実戦使用（本件細菌戦）が行われた。その結果、衢県（衢州）、義烏、東陽、崇山村、塔下洲、寧波及び常徳においてペスト患者が、江山においてコレラ患者が多発し、これによって多数の者が死亡した事実が認められると判断する」と細菌戦によって多数の中国人が殺害されたという事実を認定した。このように控訴審判決も、事実認定については第一審の原判決を踏襲した。

細菌戦は国際法違反

一審判決は、「旧日本軍による中国各地における細菌兵器の実戦使用（本件細菌戦）がジュネーブ・

ガス議定書にいう『細菌学的戦争手段の使用』に当たることは明らかである」として、日本軍の細菌戦が国際法に違反していると断定した。このことは、「被告には本件細菌戦に関しヘーグ陸戦条約三条の規定を内容とする国際慣習法による国家責任が生じていたと解するのが相当である」と、国家責任をはっきりと認定した。

そうして、一審判決は、「本件細菌戦による被害は誠に悲惨かつ甚大であり、旧日本軍による当該戦闘行為は非人道的なものであったとの評価を免れないと解される」「国会において、以上に説示したような事情等の様々な事情を前提に、高次の裁量により決すべき性格のものと解される」と述べて、細菌戦被害救済の必要性について踏み込んだ評価を下した。細菌戦が行われたという事実を前提としたとき、被告の国、日本政府の責任は免れることができない。

控訴審、東京高裁判決も、一審同様、「本件細菌戦は、……ジュネーブ・ガス議定書（略）において禁止された『細菌学的戦争手段の使用』に当たり、ジュネーブ・ガス議定書に違反する行為であったと認められる」。「本件細菌戦は、……ヘーグ陸戦規則二三条一項にいう『特別ノ条約ヲ以テ定メタル禁止』に該当し、ヘーグ陸戦条約三条に基づきヘーグ陸戦規則違反の行為として、国家責任が生じていたと認められる」と述べ、国家責任が成立したと認定した。

原告の請求を棄却

東京地裁の一審判決も、東京高裁控訴審判決も、七三一部隊の存在とそれが行ったこと、つまり細菌戦が陸軍中央の命令で実施されたこと、細菌作戦で原告らの街や村で甚大な人的物的被害がもたらされたことを明確に認定した。

しかしながら、一審判決は（控訴審も同じ）、原告らの請求をことごとく却け、国を勝訴させてしまった。裁判所は、臆面もなく古い法律論を埃を払って持ち出してきて、司法の責任を果たすことから逃げてしまった。法と条約の正しい解釈および正義公平の原則、条理、国際人道法等の法理を用いて、原告らの請求を認めることは決して困難なことではない。あれだけはっきりと事実を認定し、毅然として細菌戦は国際法違反と断じておきながら、結局、被害者を救済するのではなく、大変な罪業をおかした日本国を救済している。

裁判所が真に正義実現の場所であるならば、このような日本の司法のあり方は決して許されることではない。

一審判決で請求棄却のために用いられた主な法理は、主要には①国家無答責、②国際法上の個人請求権の否定、③日中共同声明五項の賠償請求放棄による免責の三点である。

控訴審判決は、①と②についてはほぼ同じ法律論で再び原告の訴えを却けた。ただ、③の日中共同声明五項については、控訴審で日中共同声明と請求権について専門家の証人尋問を行っていながら、控訴審判決では全く触れなかった。

一審判決は、①国家無答責について、「戦前においては、公的権力の行使による私人の損害については、国の損害賠償責任を認める法律上の根拠がなく、そのことは公権力行使についての国家無答責の法理を採用するという基本的政策に基づくものであったから、公権力行使が違法であっても被告はこれによる損害の賠償責任を負わないと解するのが相当である」とした。国の権力作用によって被害を受けた者は国に対して賠償請求ができないという国家無答責の原則が、国家賠償法の施行（昭和二十二年十月）以前における「法令」であったという。

しかし、この法理は戦前の判例や有力学説であるにしても、反対例や反対説もあり、決して制定された法令ではなく、解釈論の域を出ない。国家賠償法の附則は、「この法律施行前の行為に基づく損害については、なお従前の例による」としているが、「従前の例」とは単なる解釈論を指すのではなく、民法の特別法（私法）と見られる国賠法にとっての一般法である民法に戻り、その七一五条の使用者責任によって国が賠償の責に任ずることを意味する。

そして、権力作用とは「国家が個人に対し命令し服従を強制する作用」である以上、他国に在住する他国民、しかも占領、支配下にあるとも言えない中国国民にまで国家無答責の法理が通用するとは到底考えらない。

国家無答責は、明治憲法下の行政裁判所法十七条「行政裁判所ハ損害要償ノ訴訟ヲ受理セス」により、この種の訴訟を行政裁判所の管轄外に置いたこと等から生じた法理であるけれども、司法裁判所による私法的処理が否定されるものではない。

現在は、もちろん行政裁判所は存在しない（憲法七十六条）。行政裁判所の存在した明治憲法（六十一条）下で生きていた国家無答責という解釈論を、現在の訴訟に用いることは、かえって大きな不合理

一審判決直後の記者会見（右から荻野淳弁護士、鬼束忠則弁護士、原告・王選さん、筆者、原告・周洪根さん、原告・楊大方さん、原告・徐万智さん　2002年8月27日弁護士会館）

を生むばかりだ。現在の訴訟には現在の民主的な解釈論が通用するはずである。

一審判決は、戦時中日本の爆撃機が外国船を誤爆したことによる被害外国人に対し、日本政府が賠償金を支払った例（パナイ号事件）について、これは国と国との間で解決したものであって、個人請求が認められた例に当たらないとしている。この先例も、所属国の外交保護権を通じて賠償を得たとしても、個人の法主体性が認められた例であることに違いはなく、むしろこの件は、国家無答責の法理を否定した好例であると言い得る。

また、②国際法上の個人請求権を否定した問題について、判決は、国際法の「伝統的な考え方」を強調し、国際法はあくまで国家間の法であって、個人には法主体性がないとして、被害者個人が加害国に対し直接損害賠償請求をすることはできないとした。

そして、一九〇七年のハーグ陸戦条約三条は個人請求権を認めたものではなく、またこれを内容とする国際慣習法も成立していないとした。同条約の文理解釈上も、作成過程上も、更に実行例から見ても、個人請求権を認めるような解釈は困難であり、個人請求権は未だ慣習法としても成立していないと言うのである。

しかし、ハーグ条約成立当時は、それ以前からの人権思想の高まりによる私権尊重の気運が盛んで、少なくとも保護を受ける主体としての個人の地位が確立していたといえる。同条約三条は「前記規則ノ条項ニ違反シタル交戦当事者（国）ハ損害アルトキハ之カ賠償ノ責ヲ負フヘキモノトス」とし、しかも現地での即金支払を原則としている。即金支払を受け得る被害者が、未払の場合は、これを請求できないという解釈は不合理である。この場合にも請求をするための手続規定が欠けているから請求し得ないというが、憲法九十八条二項によって国際法は国内法の一部に組み入れられており、ハーグ条約の規定は民法七〇九条と同程度の具体的表現をとっているので、これがそのまま適用されて国内裁判所で扱われることに何の支障もない。

カルス・ホーヴェン博士らの学説も、数々の実行例も、国際慣習法の成立を示して余りがある。ともあれ、訴訟は現在行われているのであり、現在の法感覚で裁くべきである。

なお、一審判決は、③日中共同声明五項の賠償請求放棄による免責について、一九七二年の日中共同声明と一九七八年の日中平和友好条約において中国政府が戦争賠償請求を放棄したことを挙げつつ、国際法上はこれをもって被告国の国家責任は決着済みであるとの独自の判断を下した。しかし、サンフランシスコ平和条約締結当時中国は、中国国民が日本政府に対して日中戦争における被害の賠償を請求し得るとの立場を取り、一九九五年三月全人代（全国人民代表大会）のとき、当時の副首相兼外相銭其琛が、台湾省選出の全人代委員との会合の席上、「日中共同声明で放棄したのは国家間の賠償であって個人の賠償請求は含まれず、これは国民の権利であり、政府は干渉すべきではない」という見解を示している。決着済みとの判断は誤りである。

私は、細菌戦裁判の判決に対して（他の戦後補償裁判でも同様であるが）、裁判所は日本国政府を救済するために、もっぱら古い法律論を臆面もなく持ち出してきて、司法の責任を果たすことから逃げてしまっていると批判している。それは、その戦時国際法の解釈が、「戦争は国家が行う正義」という国益論、国家唯一法主体論のもとに形作られてきた時代の法解釈から一歩も出ることができずに、今日、国際人道法というように、国際法上、個人がその法主体となることが完全に認められているのに、すでに歴史のくずかごに投げ棄てられている法理を弄んでいるからだ。

裁判所が法の欠けていることを理由に正義の判決を拒むとすれば、それは正に「司法不作為」である。行政、立法、司法の三権が、挙げて不作為を続け、権力間の庇い合いによって正義から目を背けるような現状を、国際社会は決していつまでも許しはしない。

細菌戦被害者への一審判決報告

第一審判決について、原告団に報告をする必要があった。私は、原告たちにどのように判決の意味を伝えるかを考えた。私たちが目標にした第一の謝罪と賠償は実現できていないが、第二の誤った歴史認識を是正することはほぼ達成できた。しかし、細菌戦の事実を認定させたことで、一歩前進だと言っているだけでは、被害者の皆さんに理解してもらえるのかどうかを考えざるをえなかった。そこで、大勢で訪中し、一歩前進した一審判決の意義も小さくはなく、また、控訴審ではいっそう頑張るという決意を、それぞれの人に語ってもらうことにした。

二〇〇二年十一月初めに、原告団は湖南省の常徳と浙江省義烏で判決報告会を開くことになった。この報告会に日本から、一瀬、鬼束、西村、荻野、萱野の弁護団五人と聶莉莉教授、中村明子教授、松井英介さん夫妻、三嶋静夫さんと私の十一人が参加した。この報告会に合わせて常徳では、「侵華日軍七三一部隊常徳細菌戦　暴行展覧」が常徳档案館で開かれていて、二日朝、この展示会を参観し、書を請われ揮毫した。

十一月二日午前、原告、調査委員会を中心にした「細菌戦案律師報告会」が開かれ、私は、次のように述べた。

「みなさんの期待に反した判決に怒りや失望を感じられたと思います。裁判所は七三一部隊の罪悪について、事実をすべて認めた。それにもかかわらず、古い法律論をそのまま持ち出した裁判所が、結論的には原告のみなさまを敗訴させてしまいました。

私ども弁護団は、いわば闘いに敗れた弁護士でありますけれども、このように大勢の方が温かく迎えて下さったことに心から感謝しています。

ただ、日本軍の行った細菌戦の事実関係、そしてその結果大勢の人々が非常な苦しみにあった残虐な行為。これは国際法上許されないという判決でありました。この判決は、日本の司法機関が正式に詳しい証拠調べをした結果であり、その事実は、日本政府や日本の裁判所や日本の国会議員らが、七三一部隊の行った細菌戦の事実を決して否定したり、曲げて伝えたり、隠し通そうとすることは再びできないという大きな成果が確かにあったわけです。

この裁判の目的は、アジアの人々に対して、日本のやったことを心から謝罪し、賠償し、ありのままの事実を子孫に伝え、二度と過ちを犯さない。そしてみなさまとの間の本当の信頼関係を回復し、そしてアジアの人たちが一つになって永久の平和を築く。それがこの裁判の目的であります。

このように日本人として、あるいは日本国として当然なさねばならないことをまったく知らず、無視し、日本政府も国会も、裁判所も、少しもわれわれの真の目的、本当の平和への目的を知ろうとしない。これは日本人の一人として恥ずべきことであります。

数知れない何万人もの犠牲になった方々、過去の怨念、過去の悲しみ、またそれを受け継いだ遺族の方々の悲しみ。これらがすべて回復され、犠牲となった人々の人間としての尊厳を取り戻さなければ、この裁判の目的は達せられないと思います」と述べた。

そのうえで、控訴審に向けて、次のように述べた。

陸軍第七十四軍常徳会戦陣亡将士紀念塔への花輪を捧げ、司会の小学生から紹介される筆者（中央）

「われわれは今度の控訴審で、法律論を充分闘うことができる。このような強い信念と自信を持っています。なんとしてでもこの裁判に勝って、みなさんの本当の恨みを晴らし、犠牲となった方々の尊厳を取り戻したい。そして日本とアジアとの本当の意味での信頼関係、和平を築きたいと思っています」

午後は、常徳の烈士公園で、「陸軍第七十四軍常徳会戦陣亡将士紀念塔」に花輪を捧げて、黙祷する。小学校の生徒も多数参加していた。引き続き午後二時半から、常徳市工人文化宮での裁判報告会（「常徳細菌戦案中日報告会」）に参加した。私は、集まった約五百人の前で、改めて次のように述べた。

「六十一年前に七三一部隊が常徳にペスト菌をばらまき、無数の被害者を出したわけであります。

常徳烈士烈士公園にて（左から中村明子教授、常徳市対外友好協会通訳羅建忠さん、筆者、松井英介医師、松井和子さん、湖南文理学院楊方柱さん、西村正治弁護士、萱野一樹弁護士）

一審判決報告（細菌戦被害第二審声援）集会（崇山村老人之家）

日本軍細菌戦裁判弁護士報告会（常徳）

侵華日軍七三一部隊常徳細菌戦暴行展覧」で揮毫（常徳档案館）

一審判決報告集会に集まった崇山村の皆さん）

五十九年前には、ここへ日本の侵略軍が大挙して押しよせ、多数の市民が犠牲となり、また中国の軍隊もたくさん犠牲となりました。これらの事実は紛れもない日本の行った残虐非道な歴史の事実であり、この歴史事実は永久に消えることがないのです。

日本国と日本国民すべてが、中国の方々に対して細菌戦を行った紛れもない歴史事実を率直に認め、心から犠牲になった方々の霊を慰め、無念を晴らし、心から謝罪し、その方々に賠償し、人間の尊厳を回復することなしには、決して日本と中国をはじめ、アジアの方々との信頼関係を結ぶことはできないし、本当の友好と平和関係を築くことはできないと私は確信しております。

ところが、今の日本政府はまったく逆の考え方を持っています。事実をごまかし、隠し通そうとしています。そして日本が行った戦争を悪い戦争ではない、やむをえなかった戦争だと、歴史を曲げて伝えようとしています。日本の総理大臣は、侵略戦争の指導者、侵略戦争に関わった日本鬼子を祀った靖国神社に、総理大臣自ら参拝しています。

そして若い人たち、子どもたちに教える歴史教科書には、この残虐な歴史を隠し通し、歴史教科書に嘘のことを書いています。罪の歴史を隠して、間違ったことを教えている。そして若者に自信を持てというようなことを教えています。いったい過去の罪を隠して、どのような自信を持て、誇りを持てというのでしょうか。

私は一人の日本人として誠に恥ずかしいと思っております。また、日本の弁護士としてこのままではいけないと痛感しております。なんとか政府を目覚めさせ、心の底から反省を呼び起こしたいということで、この七三一部隊の裁判の弁護団長になりたいと自ら引き受けた次第でございます。

この裁判の原告は合計百八十名でございますが、この裁判に加われなかったたくさんの犠牲者もいます。とくに一家が全滅してしまって子孫がいない。したがって原告にもなれない大勢の霊が未だに彷徨（さまよ）っておられます。百八十名の原告の方々は決して自分たちのためだけではなく、この無数の霊のために一生懸命闘ってきたわけであります。

一審判決報告（細菌戦二審声援）集会で発言（崇山村）

五年間にわたる裁判の結果、非常に熱心な証拠調べを経て、事実はそのまま裁判所の認めることとなりました。日本軍のしたことは決して許されない、人道に反するものであるという判決でありました。

裁判官が正しい判決をするためには、良心の他に勇気が必要です。裁判官が本当に良心をもって正しい判決をするためには、やはり中国の大勢のみなさん、そして日本の良心的な国民の大勢の声、世論、世界の人々の国際的な批判、しかも大勢で叫ばれることが必要です。私は歴史の真実は必ず守られると信じています。正義は必ず勝つと信じています。共に闘いましょう」

十一月三日、常徳から杭州へ向かった。杭州では、篠塚良雄さんが合流。夕食後「中日律師《細菌戦対日索賠案》法律座談会」に参加、浙江省の弁護士と日本側の弁護士が意見交換を行った。

十一月四日、朝、杭州の対外友好協会を表敬訪問、この間の裁判への協力にお礼を述べた。その後、崇山村へ前日の座談会に参加した楼献弁護士の車で三時間かけて移動し、午後一時半ころ崇山村に着く。そのまま、崇山村老人の家の前で開かれた「細菌戦受害対日二審訴訟声援大会」に出席し、私は挨拶を兼ね一審判決の報告をした。

この集会には浙江省の各地からも原告や被害者が駆けつけていて、麗水の被害者も参加していた。浙江省の弁護士も杭州から来ていた。

集会の後、崇山村の中を通って林山寺まで行く。寺の少し前にある受害者の名前が書いてある碑を見る。林山寺の前で記念写真。食事をして、その後で、第六回原告団・弁護団合同会議を行い、判決報告と同時に控訴審に向けて方針を話し合った。

細菌戦訴訟の成果——判決を力に

厚労省、防衛庁が七三一部隊資料の一部を開示
一審判決は、カビの生えた法律論で原告の請求を切り捨てた。けれども、日本軍による細菌作戦の

事実、被害の事実をはっきりと認定した。原告団・弁護団は直ちにこの判決を生かす活動を始めた。

一審判決の翌日の二〇〇二年八月二十八日、原告の中国人細菌戦被害者と弁護団・学者との間で事実調査に関する意見交換会を開き、百人を超える人が参加した。この意見交換会には、原告団・弁護団の要請を受けた川田悦子議員（無所属）が、外務省、防衛庁（当時）、厚生労働省の担当官を呼んでくれた。七三一部隊とその活動に関する資料を保管する担当省庁である外務省、防衛庁、厚生労働省の各担当官は、東京地裁の判決を厳正に受け止め、七三一部隊による細菌戦の事実の解明に努めると約束した。

私は、その席で、「昨日の判決で、いろいろな証拠に基づいて、裁判所が公式に細菌戦が行われた事実を認定した。裁判所という権威のある機関が、しかも詳細な証拠調べに基づいて認定した事実、これを政府としてどのように受け止めるか、その基本的態度をまずお聞きしたい」と問いただした。

外務省は、「昨日の判決は承知しており、厳正に受け止めたい。裁判所がこのような判決を出した事実を踏まえ、判決の内容を充分に検討していきたい」と答えた。しかしながら、七三一部隊の細菌戦の事実は「資料がないので、私たちは報道として知っている」とだけ述べ、認めようとしない姿勢を続けた。防衛庁、厚生労働省は、松村高夫教授、吉見義明教授らからの追及によって、資料を保管する立場から誠実に対応したいとして、その場で十七点の資料を提出した。

私たちは、外務省、防衛庁、厚生労働省に対し、各省庁およびその関係機関で保管している資料の調査、細菌戦被害者、元七三一部隊員からの聞き取り、日本、中国、米国の資料調査を行うべきである。政府は、それらの事実調査を踏まえて、直ちに細菌戦被害者に対し、謝罪と賠償を行うよう申し入れた。同日午後、引き続き議員会館会議室で開いた院内集会には、判決に対する関心も強く、十人近くの国会議員が参加した。

裁判を支えた国際的な連帯の輪

細菌戦裁判は、一九九七年八月の提訴以来、二〇〇七年五月の最高裁の上告棄却・上告不受理の決定まで、十年間に及ぶ長い裁判になった。その間、中国と日本、また世界の多くの人々の協力と支持を受けた。

二〇〇一年八月四日、杭州で行われた第五回原告団・弁護団合同会議の後、浙江省、湖南省、上海、香港など中国各地から支援（声援）団が交代で来日し、毎回法廷を傍聴した。その数はのべ三百人に上る。とくに一審判決のときは、中国から原告と声援団あわせて約八十名が来日した。傍聴券は抽選となり、二百名以上が傍聴券交付場に並んだ。そして、法廷の内外で判決を注視し、判決後は霞ヶ関を一周する日中市民のデモ行進が行われ、多くの市民の注目を集めた。

裁判所に対する公正裁判要求署名は、常徳だけで五十一万七千人分が集められ、中国国内、世界各地から百万人を超える署名が届けられた。

高齢者を中心にした百八十人もの原告が、十年間も団結を維持して裁判を最後まで続けるというのは、それだけでも大変なことだが、細菌戦裁判の原告は浙江省の寧波、義烏、東陽、塔下洲、崇山村、衢州、江山の七地域、湖南省常徳市の市街地と十五地区の農村部という広範な地域に分散しているため、いっそうの困難さがあった。そうした原告たちが固く結合して裁判を進めていくことができたのには、中国人の二人の女性、王選さんと陳玉芳さんの発揮した力が大きかった。

王選さんは、叔父が崇山村でペストのため死亡していて、原告の一人となった。彼女自身は上海育ちだが、崇山村は父親の出身地で幼い頃からよく訪れていて、また文革中は同村に下放されていたので、村の人たちのことも村の事情も知っている。そうしたこともあって、皆から推挙され原告団長になったが、献身的に活動し、毎回裁判に出廷し運動をリードした。王選さんは一九八七年に留学のため来日し、現在も仕事の関係で日本と中国を往き来していることから、日本語が堪能である。私が中国を訪問するたびに必ず同行して通訳を引き受けてくれた。どの地域の原告とも意思疎通が可能であったのは、そのお陰である。

陳玉芳さんは常徳市被害調査委員会の中心として、被害調査を行い、原告のまとめ役を果たしてくれた。六十一人の常徳の原告は、市街地と十五地区の農村部に分散しているため、これらの取りまとめは大変だったと思う。彼女は、七年間にわたって、常徳の市街地だけでなく周辺の農村部に入って調査を続け、細菌戦被害が七十の農村に及んだことを明らかにし、細菌戦被害による死亡者七千六百四十三人の名簿を作成した。この細菌戦被害死亡者名簿は、裁判所に提出し証拠として採用された。

提訴前の一九九六年十一月に、松村高夫氏と一瀬弁護士が細菌戦調査で初めて常徳を訪問したときには、一日目は、言語を絶する被害を与えた日本人とは会いたくないと、被害者は誰も出てこなかったほど、日本に対して厳しい態度であった。それが、提訴後の一九九八年三月に私が初めて訪れたときは、大歓迎を受けた。常徳市民は声援団を結成し、署名集めを積極的に進め、延べ五十人の訪日団を送り出した。常徳市の湖南文理学院には細菌戦研究所が設けられ、細菌戦と裁判闘争の展示が常設されている。

細菌戦裁判は、一審、控訴審とも毎回一番大きな法廷（東京地裁は一〇三号法廷、東京高裁は一〇四号法廷）で開くことを実現した。平日の日中に、約百人近くの傍聴席が埋まるというのは大変なことで、毎回の期日に裁判所が大法廷での開廷を認めるか、当初は不安もあった。中国からの声援団を含め多くの人々がいつも傍聴に駆けつけてくれたので、一審二十八回、控訴審十一回、合計三十七回の法廷は毎回、傍聴席がほぼ埋まった。裁判の傍聴をはじめ裁判闘争全体が、「日本軍による細菌戦の歴史事実を明らかにする会」「七三一・細菌戦展示会実行委員会」「七三一・細菌戦裁判キャンペーン委員会」「ABC企画委員会」などの皆さんの献身的な活動に支えられてきた。

多くの研究者に、鑑定書の提出や法廷証言で多大の協力を得たが、節目節目には傍聴もしてくれた。荒井信一教授（日本の戦争責任資料センター代表）ら歴史学者には講演会や国会の院内集会で報告をしてもらった。

細菌戦裁判弁護団には、北海道から沖縄まで全国から二百二十四人の弁護士が加わり、毎回の法廷に十名前後の弁護士が手弁当で出てくれたばかりか、かえって度々カンパをして、裁判費用を支えてくれた。

国際的な広がりとしては、一九九八年六月下旬から七月上旬に北米の五都市（ニューヨーク、ワシントン、サンフランシスコ、トロント、バンクーバー）で開かれた「七三一部隊展——アジアの忘れられたホロコースト」という展示会と証言集会がある。七三一部隊と細菌戦のほか、南京大虐殺や従軍慰安婦問題の展示も行われた。

証言集会には、細菌戦裁判弁護団から私を含めて五名、原告団代表王選さん、松井英介医師、山口研一郎医師、吉田義久教授など十五人が参加した。主催者は、アメリカ・カナダの中国系市民が中心の市民団体「世界抗日戦争史実維護連合会」で、各都市の集会ではそれぞれ四百名前後の参加者があった。

私が訪米する直前の六月二十五日（現地時間）のこと、アメリカに入国しようとした元七三一部隊員の篠塚良雄氏が、米国移民国籍法（Immigration and Nationality Act）二一二条(a)項33号によりシカゴのオヘア国際空港で入国禁止の措置を受けた。篠塚氏は、シカゴ到着からわずか数時間後、再び日本行きの飛行機に乗せられ強制的に送還された。

篠塚氏の入国拒否は、アメリカ国内で大きな波紋を呼び、アメリカの新聞も入国禁止に疑問を持つ声が多かった。この問題では、日本のカナダ大使館が、「入国できない日本人をカナダに入国させた。

だからカナダに来たら一瀬弁護士を逮捕する」と通告してきた。私は大使館と交渉してこの通告発言を撤回させたが、その間、訪問団はトロント行きを妨害され、シカゴで一泊足止めを喰らった。

篠塚氏らに対するアメリカ・カナダの入国禁止措置は、七三一部隊の戦争犯罪に対して長期間にわたって隠蔽してきたアメリカの責任という問題を急速に浮かび上がらせた。

このままでは、米国での篠塚証言が潰されたままになると思い、日米でテレビ会議を企画し、同年八月十七日、米国ロサンゼルスと東京を結んで、日本の戦争責任問題について、篠塚良雄氏、東史郎日記の東史郎氏の証言を米国市民の参加者に届けた。

その二年後の二〇〇一年九月六日、「講和条約調印五十周年記念式典」がサンフランシスコで開かれたとき、私は再び「世界抗日戦争史実維護連合会」に招かれ訪米した。日本の戦争責任問題はサンフランシスコ対日講和条約では解決していないとするシンポジウムに、王選さんと出席した。私は、七三一部隊細菌戦訴訟の弁護団長として、訴訟の経過を説明し、日本政府は過去の犯罪を認め、被害者に謝罪し補償をすべきであると訴えた。

私の発表が終わると、一人のオーストラリア人が私のところに来た。彼は第二次大戦中に日本軍から虐待を受けたオーストラリア人の元捕虜の代表である。彼は「ミスター土屋、私は今日のこの日まで、日本人と握手したいなどと思うことは生涯ありえないと思ってきた。でも今日、貴方のお話を伺い、握手したいと思った。握手して頂けますか」と握手を求めてきた。私はかえって恐縮した。日本の弁護士として当然のことをしていると思ってきた訴訟活動が、オーストラリア人からまでも評価を

ニューヨークでの記者会見で発言する筆者（左から、通訳をする王選さん、筆者、シェリダン・ハリスさん　1999 年 6 月）

受けたことで、今まで以上に責任の大きさを痛感した。

中国では、この十年間細菌戦裁判を闘ってきた浙江省と湖南省の細菌戦被害者・遺族が、日本政府に細菌戦の事実を認めさせるための新たな活動を活発に開始している。また常徳にある湖南文理学院の細菌戦研究所は、日本軍の行った細菌戦を歴史学・文化人類学・医学等の総合的観点から研究し、学問研究を通して細菌戦に関する日本の戦争責任を告発し続けている。

二〇〇七年五月九日、最高裁は、細菌戦訴訟の上告棄却・上告不受理を決定した。決定書はたった数行のまったく不親切なものだった。最高裁判所は、この決定の十二日前の四月二十七日、西松建設強制労働事件と中国人元「慰安婦」事件について、「日中戦争中に生じた中華人民共和国の国民の日本国又はその国民若しくは法人に対する請求権は、日中共同声明五項によって裁判上訴求する権能を失ったというべきであ」るという不当な理由で、原告敗訴判決を下した。これは、中国人の提起した訴えを矢継ぎ早に却けて一掃しようという姿勢が露骨に表れたものと言うべきで、政権に屈した司法の姿は正視に堪えない。

しかし、このような最高裁判決が出されたからと言って、中国人、韓国・朝鮮人、そしてアジアの人々や連合国の戦争被害者の謝罪と賠償を求める心底からの叫びを押しとどめることはできない。四・二七最高裁判決のようなとんでもない判決を、このまま判例とさせるわけにはいかない。

今、私は、重慶大爆撃被害訴訟で、再び弁護団長を務めている。この重慶大爆撃裁判では、細菌戦裁判が切り拓き勝ちえたものをしっかりと打ち固め、四・二七最高裁判決を必ずや覆して、中国人戦争被害者の日本政府に対する謝罪と賠償の要求を実現するよう、まさに生涯弁護士として闘い抜くつもりである。

第十章　重慶大爆撃被害訴訟の意義と四・二七最高裁判決

無差別大爆撃は終わっていない

重慶大爆撃被害損害賠償請求訴訟（第一次訴訟）は、二〇〇六年三月三十日、東京地裁に提訴され、同年十月二十五日に第一回期日が開かれた。第一次訴訟は、日中戦争当時、中国の臨時首都とされた重慶や四川省の成都、楽山、自貢などへの日本軍による連続した大爆撃によって、父母兄弟姉妹などの肉親や親族を殺害され、あるいは自らが重傷を負った人たちのなかで、重慶市、楽山市、自貢市の被害者四十人を原告としている。二〇〇八年七月四日には、成都市の被害者二十二人が原告となって第二次提訴を起こした。

一九三七年七月七日の盧溝橋事件によって、日本は中国侵略戦争を全面化させ、秋から冬にかけ華北、上海・華中を戦場にした。そして、当時の首都南京を責め落とせば中国は屈服するだろうと凶暴な攻略作戦に出て、日本軍は十二月十三日南京を占領し、大虐殺を凶行した。中国中央政府（中華民

日本軍の爆撃を受け燃え上がる重慶市街（1940年8月「101号作戦」時）

国政府）中枢は奥地への退避を強いられ、すでに一九三七年十一月には重慶に首都移転を決めるほどであった。だが、蒋介石国民党は追いこまれながらも、米英ソなどの支援を受けつつ抗戦の体制を崩すことはなかった。毛沢東指導下の共産党は、抗日統一戦線のもとで、八路軍・新四軍の正規戦と遊撃戦による抗日戦を強めていった。

日本軍は臨時首都重慶を攻め落とそうしたが、天然の要害大巴山脈に阻まれ、日本陸軍の軍事力ではなしえなかった。このため、陸海軍の空軍力を連合させ航空機による中国奥地爆撃攻撃を戦略化した。戦略爆撃としての重慶大爆撃は、重慶や成都、楽山、自貢など四川省の都市・要衝を壊滅させ、政治的経済的打撃を与え、中国側の抗戦意識を打ち砕こうとするものであった。重慶大爆撃は、一九三八年二月に始められ、一九四三年八月まで「二〇一号作戦」(一九四〇年五月から九月まで)、「二〇二号作戦」(四一年七月・八月)など五年半にわたって続けられた。焼夷弾などを使った消耗爆撃と言われるくり返しの残忍な爆撃(恐怖＝テロル爆撃)が行われ、重慶市に対する一九三九年の「五・三／五・四」と呼ばれる殺戮爆撃、一九四一年の六・五隧道惨案をはじめ未曾有の多大な被害を与えた。

日本軍による重慶大爆撃は、無辜の一般住民の命と生活を標的にして、大量殺戮や家屋・財産の消滅を狙った無差別爆撃であり、当時の国際法に照らしても重大な違反行為となる、残虐で非人道的な戦争犯罪である。しかし、今日まで日本政府は被害者たちに一度も謝罪しておらず、損害の賠償もしていない。重慶大爆撃被害の原告たちは、重慶大爆撃がまぎれもない戦争犯罪であることを裁判で明らかにし、謝罪と賠償を実現しようとしている裁判である。

重慶大爆撃からすでに六十年余が経っているが、原告たちをはじめ爆撃被害者は、強い無念さと激しい憤りを持ちつづけている。爆撃被害者が受けた心の傷は深く、今もなお痛み続けている。まさに今も日本の加害行為は続いているのであり、重慶大爆撃の問題は何一つ終わっていない。

法廷では毎回のように、原告が爆撃被害とその後の苦難の体験を意見陳述している。ここでは、二人の原告の意見陳述を紹介しておく。

楽山の原告羅保清さんは、二〇〇七年一月二十四日の第二回裁判で、「一九三九年八月十九日、数十機の日本軍機が楽山の市街地に次々と爆弾を落とし市街地が火の海になり、私の家の店舗兼自宅は影も形もなくなった。父と従業員四人が爆撃の直撃を受けて死んでしまった。私の家族は生活のよりどころをなくし母が生絲紡ぎの仕事をして生活をし、当時十四歳の私も学校を中退して臨時工をして生活を支えた」と語った。

重慶の原告鞠天福さんは、二〇〇八年三月二十六日の第六回裁判で、「一九三九年五月三日、日本軍が投下した爆弾の巨大な轟音が鳴り響き、対岸にいた私たちは恐ろしくて、目を見張り、口を開けたまま茫然としていた。太陽や空を覆うほどの火炎や濃い煙が全重慶の町を包み込んでいた。封鎖が解かれた後で、父が店舗に行った時、そこには砕けた瓦礫と汚水が残っているだけで、祖父、伯父、従兄三人は行方が知れず、あちこち尋ね回ったが、死体も分らない。千切れた四肢だけではどれが本人かの確認もできなかった。五年半にもわたる長い期間、私は疎開先の長江（揚子江）南岸で重慶でなされた大空爆と大殺戮の残虐さを目撃し、一般大衆に降りかかった酷い災難を体験した。私の家だけを例にとっても、財産の損失と三代にもわたる親族が死亡し、衣食に困らない富裕な家でしたが、わずかの間にすべてを失った。米を買うために、質入れできるものはみな質入れし、売れるものはみな売り、食事の足しになればと、野菜市場に行って落ちている野菜くずを拾い、食糧が切れた時は腐った豆腐かすを食べ、飢えをしのいだ」と意見陳述をした。

こうした被害者の苦難を目の当たりにして、日本の裁判所は三権の一つを担う者として真摯に応え、その責任を果たしていかなければならない。

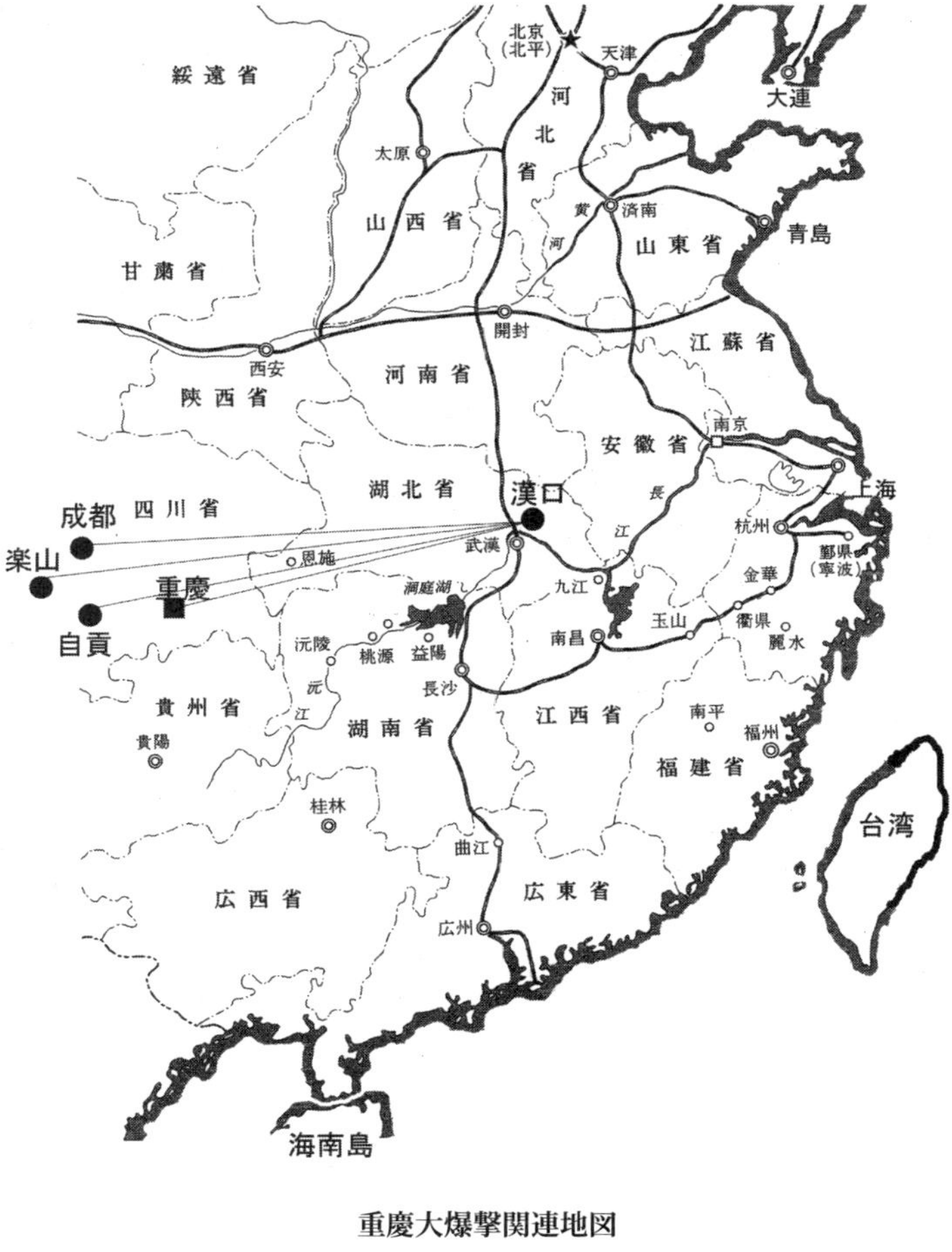

重慶大爆撃関連地図

重慶大爆撃は主に漢口のW基地を出撃拠点にした他、山西省雲城などの日本軍航空基地から行われた。

重慶爆撃・隧道大惨案の犠牲者（1941年6月5日）

被告・国の理不尽な主張を許さず、最高裁判決に立ちむかう

重慶大爆撃訴訟は、東京地裁の一番大きな一〇三号法廷の傍聴席がいつも埋められる（毎回、東京大空襲裁判の原告の方々も多く傍聴していただいている）なかで、二〇〇八年七月七日の弁論期日で七回を経た。本格的審理の入り口にさしかかったばかりで、緊張したなかで進行しているが、裁判所の役割は重大である。裁判所は、重慶大爆撃が国際法に違反した無差別爆撃であることを歴史的事実として認定し、日本政府に謝罪と賠償を命ずることによって、初めて原告らの無念を晴らし、死者の霊を慰め、奪われた尊厳を取り戻すことができる。

一般住民を無差別爆撃で虐殺した事例とし

て、ドイツによるスペインのゲルニカ空爆が有名である。重慶大爆撃はその規模の大きさと執拗さ、長期に連続的に行われた点で、ゲルニカを遙かに凌ぐ超弩級の無差別爆撃であった。その後のイギリスによるドレスデン空爆、さらにアメリカによる日本の六大都市をはじめ、各都市への無差別爆撃と原爆投下へとつながっていった。

世界史的な視野で見れば、重慶大爆撃は歴史上初めての大量殺戮を狙った無差別爆撃である。だが、このような明らかに国際法違反の無差別爆撃は一度も裁かれていない。その結果、残酷この上ない無差別爆撃は第二次世界大戦後も、朝鮮戦争、ベトナム戦争を経て、二一世紀のアフガニスタン戦争、イラク戦争と止むことなく続けられている。

この無辜の民を大量に殺戮する戦略爆撃の連鎖を断とうとする立場に立つとき、重慶大爆撃訴訟は、重慶、成都、楽山、自貢の被害者への個別の不法・違法な爆撃の問題を清算しようとするだけに止まらない、世界史的な視野を含む極めて重要な意義を持っている。

ドイツは、ゲルニカ空爆から六十年後の一九九七年三月に、ヘルツォーク大統領が、ゲルニカ市と市民に対し、「この残虐な行為の犠牲者は、非常な苦痛にさらされた。私たちはドイツ空軍による爆撃とそれが招来した恐怖をけっして繰り返さない。いま、両国民の間の和解と将来の平和を呼びかける」と謝罪した。また、ドレスデンを壊滅させたイギリスは、二〇〇〇年の「空襲五五周年記念式典」にあたり、エリザベス女王の名代ケント公を派遣し、謝罪の意を示すと同時に、破壊された聖母教会の再建費用の負担を申し出た。

日本政府は、重慶大爆撃に関して、まさにこれらドイツやイギリスが爆撃被害者に謝罪した事例に学ぶべきであろう。日本政府だけが隠蔽体質を保ち続け、原爆や空襲など自国の被害は唱えても、国際法違反の加害行為には頬かむりするという自己中心の姿勢に終始している。この鉄面皮ともいうべき日本政府の姿勢に対し、良心ある日本人は強い憤りをおぼえると同時に、恥ずかしさに堪えることができない。

日本の戦争責任を果たさせ、中国をはじめとするアジアの国々の信頼を回復し、日本と中国、アジア諸国民が心の底から手を取り合える友好関係を復活してこそ、恒久平和を築くことができるのだと思う。裁判所は公正に審理を進め、判決のもたらす政治的、外交的、経済的影響を云々するのではなく、ひたすら純粋に正義の実現という本来の使命を果たすべきものと考える。人類普遍の正義は一つであり、世界はこれを求めている。

日本人は従来、広島・長崎の原爆や東京・大阪・名古屋など各都市の空襲被害等、自国民の被害を憶い起こすことで、戦争の悲惨さと平和の尊さを訴えて来た。しかし、それだけでは真の意味で平和を誓うことにはならない。自国の犯した加害の事実を無視することは明らかに不誠実であり、他国から共感を得ることはできず、ましてや国際社会において「名誉ある地位」を与えられることなどありえない。

中国の無辜の民を「政戦略爆撃」などと言って、二〇〇回以上も爆撃し続けた重慶大爆撃は、アメリカが日本を攻撃するとき、東京、大阪などの大都市だけでなく、全国の地方都市への無差別爆撃となって日本民衆に災厄がかかり、果ては原爆が投下された。現在、東京空襲に対する損害賠償の裁判が始まっている。重慶の被害に対する裁判と東京空襲の被害の裁判が軌を一にして、同時並行で裁判を進めることは有意義であり、現代的な意味を大いに持っていると言うことができる。

被告の日本国政府は、従来、戦後補償を求める幾多の訴訟事件において、判で押したように、国家無答責とか、伝統的な国際法解釈に立った個人請求の排除とか、さらに請求権に関するサンフランシスコ対日講和（平和）条約や日中共同声明とか、時効・除斥期間の民法の規定とかを理由に、原告被害者たちの請求を認めようとしない。重慶大爆撃訴訟でも、被告の国は、答弁書で全く同様の姿勢をとっている。

他方、日本の裁判所も、一部下級審を除いて、日本政府の立場を擁護し、同様の法理のもとに、頑なに国の責任を回避させてきた。

しかし、いわゆるパナイ号事件の実例を見ても、すでに戦時中、国は「個人の損害」を賠償しており、国家無答責の理論は国際的には崩壊していた。また今日では加害国に対する個人の訴権が堂々と認められている以上、対象は過去の事案であっても、現在の訴訟でこれを排除するいわれはない。また国家間の合意によっては、国民の個人としての私権を奪うことはできない。

さらに時効・除斥期間についても、それぞれの国が自ら定めた国内法で外国人からの請求を却けることは理に反している。総じて、正義公平の基本原則に立つならば、これらすべての姑息な法理論は、いずれも排斥されて然るべきものだ。重ねて裁判所に対し、重慶大爆撃の被害者に対する謝罪と賠償という正義の実現を求める所以である。

重慶大爆撃訴訟は、中国人戦争被害者の戦争賠償をめぐる裁判の中で、最も後発のものであるが、そのため、最も厳しい局面で中国人の戦後補償裁判の最前面に立つことになった。

すでに前章で触れたように、二〇〇七年四月二十七日、最高裁は中国人強制連行・西松建設裁判と中国人「慰安婦」裁判で、「裁判上訴求する権能が失われ」ているから、中国人戦争被害者が裁判に訴えることはできないという判断を行った。

四・二七最高裁判決は、きわめて杜撰で不当な判決である。最高裁判所は、中国人の被害者が日本の政府を訴える裁判を一掃してしまえ、門前払いしてしまえという立場で、政府の国策に沿う露骨な政治的判決を下した。政権に屈したこのような司法の姿勢は、目を覆いたくなるばかりである。しかし、大切なことは、「最高裁判所の判決だからもうこれで駄目だ」「これはもう覆るわけはないんだ」と悲観しないで、デタラメな判決に憤りを新たにして裁判を続けていくことだろう。

サンフランシスコ平和条約戦後処理の枠組み論のまやかし

そのためには、被告日本国の主張であり、四・二七最高裁判決の内容であるサンフランシスコ平和条約枠組み論を法理論的にも突破していかなくてはならない。

四・二七最高裁判決は、「日中戦争の遂行中に生じた中華人民共和国の国民の日本国又はその国民若しくは法人に対する請求権は、日中共同声明五項によって、裁判上訴求する権能を失ったというべき」とした。しかし、あとで触れるように「日中共同声明五項」からはこのような結論を導くことは決してできない。

最高裁は、「日中共同声明は，サンフランシスコ平和条約の枠組みと異なる趣旨のもの」ではない、と無意味に繰りかえすのみで、何ら根拠も示すことができない。日中共同声明はサンフランシスコ平和条約に法的に拘束されていて、サ条約が裁判上の請求権を放棄している以上、中国人戦争被害者は「裁判上訴求する権能を失った」と強弁した。けれども、これがいかにとんでもなく愚かしい、いかに非論理的であり、いかに歴史事実に則さない、まやかしの判決であるかということを簡単に述べたい。

まず最高裁判所が用いたサンフランシスコ平和条約戦後処理の枠組み論とは、どのようなものか。一九五一年九月にアメリカ、イギリスをはじめ「連合国」は、日本との講和を行い、戦争状態の終了、平和の回復、戦後処理のために、サンフランシスコ平和条約が結ばれた。連合国と日本との講和（平和）条約ということで、いかにも国際的な一つの大きな法規範的な意味を持ったものであるかのように、最高裁判決は言っている。

しかし、サンフランシスコ平和条約には「連合国」という用語が使われているが、日本に対して戦争をしていた連合国とは必ずしも一致していない。サンフランシスコ平和条約は、アメリカが主導してイギリスと組んで作った、米英と日本との個別条約と言った方がふさわしいものである。平和条約と銘打って、「連合国」という名前が付くと、いかにも広く、ほとんど世界の大半が参加した条約であるかのように見える。しかし、実際はアメリカの都合の良いように作られた条約でしかない。

連合国は、日本にたいする請求権を放棄して許す代わりに、日本が受けた被害についても日本から賠償を求めない。日本が諸外国に対して加えた損害に対しては、サンフランシスコ平和条約を承認した国は、政府だけでなく国民も請求しないというのが、サンフランシスコ平和条約の請求権放棄の骨子である。お互いに戦争の損害を請求し合うのは愚かしいことなので、双方とも請求権を放棄して「信頼と和解の講和」を結ぼうという、ちょっと見ると、いかにも未来を志向したもののように見える。しかし、その実態は、きわめて片寄った、本当に被害を被ったアジアの国々と人々にとっては到底受けいれ難い、納得のいかない大変不公平な条約であった。

最高裁は、サンフランシスコ平和条約を普遍的な意義のある国際的な法規範性をもった戦後処理の枠組みと言うけれども、実際に条約に加盟したのはどこか。サ条約はアメリカが草案をつくりイギリスの案を折衷したが、アメリカは、他の連合国が対日講和条約の草案作りに加わることを許さなかった。

まったくアメリカの専断的な主導によって、一九五一年九月四日からサンフランシスコで始められた対日講和会議では、予備会議を含めて参加国による討論は一切なされないままに九月八日に調印式が行われた。結果として、日本と四八か国が署名をしたが、調印に先立って開かれた本会議でも、各国代表は態度表明は認められるが、反対意見を述べたり修正の提案をすることは許されなかった。このように非常に非民主的な会議の進め方で、アメリカが己の利益を最優先にして、強引に調印に持ちこんだものなのである。

講和会議前に、アメリカのダレスがフィリピンやオーストラリアなどを回って調整を行った。だが、条約草案の条項一つひとつについて、連合国が意見を出し合って決められたものではない。

しかも、四八か国と言うと多数の国が参加しているかのように見えるが、日本が最も被害を与えたアジア・太平洋地域の国々や地域で講和会議に参加したのは限られていた。

インドはサンフランシスコ対日講和会議に反対し、参加を拒否している。朝鮮は参加資格すら認められなかった。そして、特に中国が加わっていない。参加したフィリピンやインドネシアも、その後、実際には日本がサ条約の枠組みを超える戦後賠償を行うことによって、最終的な決着を受けいれたのである。

そもそも、サンフランシスコ対日講和は、「日本にたいする講和は連合国が一致して行われなければならない」という連合国の国際協定に反している。

あの当時、単独講和か全面講和か日本国内で非常に大論争になって、東大総長だった南原繁さんが全面講和でなければ駄目だと主張したことは前に述べた(第二章)。ところが、単独講和でいいのだと、アメリカと日本の政府との間で決めたのが、このサンフランシスコ条約である。冷戦時代に入り、ソ連や中国を敵としたアメリカによる反共自由主義の政治・軍事同盟を前提に対日講和はなされた。日米安保条約を締結してアメリカの反共軍事体制に日本が入ることを前提に結ばれた「平和条約」だった。このため、ソ連は初めからサンフランシスコ平和条約に対して異を唱えていて、講和会議に出席はしたが署名を拒否した。中国は呼ばれもせず、度重なる中国からの警告や抗議、反対を無視し、アメリカは中国を排除し続けた。

中国にはサンフランシスコ平和条約の効力は決して及ばない

以上のように、サンフランシスコ対日講和は、単独講和、片面講和であった。中国は最も長い間、全面的に日本の侵略戦争と闘い、最大の被害を受けた。その中国をことさら排除して結ばれた、アメリカ体制に組みする単独講和条約である。アメリカによる対日単独講和が進められ、サンフランシスコ平和条約が締結される前後に、当時中国の外交部長をしていた周恩来自身が五回にわたって反対を表明し、厳しく抗議をしていた。

ある国とある国の条約は、それを締結した国には効力が及ぶ。だが、条約法条約には、ある条約の締結にかかわりのない第三国には、その条約の効力は及ばないことが明記されている。つまり、中国は第三国というより、最大の関係利害国であるにもかかわらず、ことさら中国を排除して敵対的に結ばれた条約である。だから、中国にはサンフランシスコ平和条約の効力が決して及ばないのは自明である。

中国が重ねて表明してきた「サンフランシスコ対日講和は、連合国の国際協定に違反している。中国を公然と除外したではないか。こんなものに我々は決して従うわけにはいかない」という立場は、今日も変わっていない。

中国のこのような主張は、次のような法的根拠に基づいている。すなわち、連合国宣言に端を発し、以降アメリカ、イギリス、ソ連、中国を軸にしてカイロ宣言やポツダム宣言、ヤルタ協定などの共同宣言、協定を結んでいった。カイロ宣言にはアメリカと中国とイギリスが参加している。それから、連合国共同宣言というのは一九四二年一月に発表されたが、これにはアメリカとイギリスとソ連と中国とオーストラリア、カナダ、インド、オランダ、その他二十数カ国が参加している。ヤルタ協定は、一九四五年の二月に、ソ連とアメリカとイギリスの三国で結ばれている。

そして、アメリカ、イギリス、中国によるポツダム宣言は、対日戦争最終宣言、戦後処理宣言としてなされた。すなわち、アジア・太平洋で日本が行っている戦争を終わらせるために、連合国が総力で日本に向かって攻撃を強め、日本の指導者の反省を求めるために徹底的にやっつけようとした。そして日本が日清戦争、日露戦争以来、朝鮮、台湾をはじめいろいろと日本のものにしてきたが、これを元に戻し、日本には、改めて再び戦争をさせないようにしようではないか。そのような決意を明らかにし、日本に無条件降伏を求めたものであった。

ところが、サンフランシスコ平和条約は、以上の連合国の国際協定であるポツダム宣言などによる戦後処理の枠組みを全く解体した上で、アメリカとイギリスが専ら国家利益を取ることを第一の目的とした条約だった。だから、私は、こんなものに日中共同声明が影響されるはずがないと考えている。

中国は個人の請求権を放棄していない

サンフランシスコ平和条約の請求権放棄については、国だけでなく、国民という言葉が用いられている。サンフランシスコ平和条約に参加する国の政府は、講和にともなう戦争賠償などいろいろな請求権を互いに、国だけでなく国民の権利も放棄するということにした。条約の条文でも、日本と締結国はお互いに国と国民と両方が権利を放棄すると書いてある。

このサンフランシスコ条約の請求権放棄条項の文言と日中共同声明第五項の文言は、全く違っている。日中共同声明の第五項は「中華人民共和国政府は、日中両国国民の友好のために、日本国に対する戦争賠償の請求を放棄することを宣言する」という文言である。「中華人民共和国政府は」と書いてあるだけで、「中国国民は」とは決して書いていない。サンフランシスコ条約の請求権放棄の条項（第一四条、第一九条）で、国と国民が請求権を放棄するとしているのとは、大きな違いである。戦争賠償の請求を放棄すると書いてあるが、「請求権を放棄する」というのとは明らかに違う。日中共同声明五項は、請求権はあるんだけれどとりあえず請求はしないと言っている。しかも、サ条約が相互的双務的に請求権を放棄するとしているのに対して、日中共同声明は、中国が「日中両国国民の友好のために」一方的に戦争賠償について請求を放棄するとしている。

日本は日中共同声明案文作成交渉の時、「中華人民共和国政府は、日中両国国民の友好のため、日

重慶大爆撃被害者の皆さんと（2005 年 11 月 4 日　重慶市の弁護団事務所）

本国に対し、両国間の戦争に関連したいかなる賠償の請求も行わないことを宣言する」という文言を提示した。このように、サンフランシスコ条約の請求権放棄の内容に合わせて、日本の戦争賠償責任を全て許してもらうような表現をして、それを中国にぶつけた。けれども中国はそれに同意しなかった。最後に共同宣言に用いたのは「戦争賠償の請求を放棄する」という表現だった。

　これを見ても、最高裁の今回の判決が、いかにいいかげんな内容であるかということが良く分かる。そもそも、損害賠償請求権というのは国民一人一人が持っている私的な権利である。国民の固有の権利、つまり国民が持っている私的な権利を、国が勝手に国民を代理して放棄することが出来るのか。国民が自分の請求権を国に任せるという委任状を出したのなら話は別になるかもしれないけれども、委任状も何もなくて、国が勝手に国民一人一人の私権を放棄するなどということが出来るということが、そもそもの問題であると考える。

サンフランシスコ平和条約に加わった国の中でもオランダは、条約調印にあたって、国民一人一人の権利を国が放棄するわけにはいかないと言って、サンフランシスコ講和会議の席上、署名に難色を強く示した。結局のところは、オランダは署名はしたけれども、個別に日本と交渉して、国民の権利を放棄するということは出来ない、国が代理権を勝手に使うわけにいかないと言って、オランダと日本は、二国間の協定を結んで解決をしている。それにもとづいて、日本政府は、オランダに相当な額の金を払っている。

個人の請求権をその政府は勝手に放棄できない

日本が行ったあらゆる残虐な行為、例えば「慰安婦」もそうだし、南京虐殺もそうだし、七三一部隊細菌戦もそうだし、強制連行・強制労働もそうだが、日本はこういった人道に反する行為を筆舌に尽くせないほど中国人に対して行った。

そうした人道に反する行為に基づく損害賠償は決して免れさせてはならない。国が勝手にそれを奪ってはならない。こういう原則がある。その国際法上の根拠、法源に一九四九年の戦時文民の保護に関するジュネーブ条約がある。これは終戦後に締結されたものであるけれども、その原則はすでに国際慣習法となっている。

裁判所が、こういった人道に反する行為による損害の賠償を請求する権利について判断をするときには、過去の裁判ではなく今の裁判であるのだから、最高裁自身が、ジュネーブ条約に則って解釈しなければいけない。最高裁はそれを無視している。

それから、最高裁が判決をするに当たって、日中共同声明が条約であるかどうかは別として、両国の正式な合意、苟も双方による合意である以上は、相手の中国がどのように解釈しているかを確かめもせず、中国の意見も聞かずして、日本だけの都合で勝手に判断することは許されない。しかし最高裁判決は、日本政府の言っていることを、そのまま鵜呑みにして判決としている。

しかも、日本政府は、サンフランシスコ平和条約の請求権放棄についての解釈をご都合主義的に転々と変えてきている。

少し前までは、請求権について国民の権利を放棄したというのは、外交保護権放棄に過ぎないとしていた。つまり、ずっと外交保護権を放棄するということは、個人個人の権利を放棄するということではなくて、個人の権利は失われていない。ただし、国民が権利を行使して、その請求を実現しようとしても、政府としては、手伝いはしませんよというのが、権利放棄の内容だなどと言っていた。

それが、一九九九年にアメリカで個人による戦争賠償についての裁判が起きてくると、日本政府は、既に日本国民の権利を放棄したと解釈しているから、どうぞ安心してくださいという政府見解を、アメリカ政府に対して送った。アメリカの裁判所は、それを利用してアメリカ政府や日本政府の思惑どおりに原告敗訴の判決をしている。今日では、日本政府が初めからずっと主張してきたことと一八〇度違って、サンフランシスコ条約によって、国民の個人請求権も含めてすべての請求権が放棄されていると言い出している。

四・二七最高裁判決も基本的にはそこに立っているが、いっそう詭弁を弄している。すなわち、サ条約による請求権放棄によって、国民の請求権という権利そのものが無くなったとまでは言えない。国民の請求権はあるのだけれども、この権利を裁判に訴えて実現するという訴権は失われている。だから、裁判所は損害賠償の請求を認めません。このような言い回しをしているのである。

いかに政府の言う通りの、何とも情けない判決であるかが、厳しく指弾されなくてはならない。最高裁は三権分立をそっちのけにして、何でもいいから政府を勝たせるという立場からのみ判決を書いている。中国からいろいろな裁判が起こっているけれど、この際これらの訴訟を一掃してしまえという、まったく明け透けに露骨な国策司法の判決なのである。

これはもう政治判断であって、法律判断ではない。民主主義の基本、憲法の大原則は三権分立であり、裁判所は政府が何と言おうと、正しいものは正しい、間違っているものは間違っていると、法と良心に従って判断する。これが三権分立によって独立している司法の使命である。ところが、何でもかんでも政府の言う通りの判決を次々に出す。このような国際的歴史的な事件に対して、最高裁がなりふり構わず「日本の国益」を最優先に判決を出しているのは、本当に情けなく恥ずべきものである。

しかし、四・二七最高裁判決は、さすがに被告日本国政府の理不尽な主張をそのまま容れる分けにはいかなかったのか、請求権の解釈で独自の判断をしている。重慶大爆撃被害訴訟の中ではそこを衝いて、戦争賠償に関する国民の請求権放棄の意味について、被告日本国政府に厳しく求釈明をしている。四・二七最高裁判決は、国側の主張とも違っている。そこで、国側は、国民の請求権は実態的に消滅したというのか。それとも最高裁のように、実態的には消滅していないけれども、訴権が失われているという解釈をとるのか、といった点を質しているのである。

また、国側は日華平和条約によって解決済みと主張してきているが、四・二七最高裁判決は、「日華平和条約の締結後、中華民国政府の支配下に入ることがなかった中国大陸に適用されるものと断定することはできず、中国大陸に居住する中国国民に対して当然にその効力が及ぶものとすることもできない」と述べていて、日華条約についての国側の主張を是認していない。国側は、日華条約で解決しているという主張を維持するのか、それとも日中共同声明によって解決をしたと言うのか、という点の求釈明もしている。

今度は大法廷でひっくり返す決意

私は、四・二七最高裁判決を覆していくことは、それ程難しいとは思っていない。我々は、あくまで今後も諦めることなく、頑張っていこうという決意である。

中国政府は、日本との外交上いろいろな配慮があって、とかく遠慮気味になっている。だが、中国政府の意向はどうあろうとも、中国人民が戦争被害の賠償を求めることをやめることはありえない。

楽山爆撃被害慰霊碑の前で（2005年11月3日　左から楊追奔さん、筆者、一瀬弁護士、段錫成さん　楽山市）

中国の地で生活している十三億の中国人は、最高裁判決があったからといって、「はいそうですか」と言う訳にはいかない。自分たちの親とか自分たちの祖父母たちが、目の前で悲惨な目に遭ったことを語り継いで、あるいは被害を直接に受けてすでに七十歳代後半から、八十歳台、九十歳代になる人は、自分自身の被害を語るだけでなく、自分の目の前で父母兄弟姉妹を殺されるところを見ているのです。自分の大事な兄、父親が強制的に日本に連れて行かれて虐待されて殺された。それから、女性は自分自身や姉妹が連れて行かれ、「慰安婦」にされて散々な目に遭った。こういったことを決して忘れてはいない。

最高裁は、言い訳のように個人の権利が無くなるわけではない。裁判では出来ないけれども、個人の請求権そのものはある。したがって、加害者である会社は自発的に謝罪し賠償したらどうでしょうかというようなことを判決の中に書いている。西松建設訴訟の最高裁判決の付言を活かしていこうという動きがうまれており、二〇〇八年四月十九日に「西松建設訴訟・最高裁判決勧告を実現する会」が発足し、私も呼びかけ人の一人に名を連ねている。

しかし、そうだからと言って、司法の責任が消えるわけではない。加害企業の一部には和解に応じる動きが多少出てきているものの、国は和解などとんでもないと、戦後賠償問題は解決済みという態度をまったく変えようとはしていない。戦争被害者からすれば、被告の国や加害企業が自発的には被害者たちに向きあおうとしてこなかったから、裁判に訴えたのである。それなのに頼みとする肝腎な裁判所が、「私は裁判をやってあげません。あなた方が自発的に賠償したらどうですか」と袖を振る。そんな矛盾した話は無い。こんな無責任なことでは、今日司法はその使命を全く放棄していると言われても仕方がない。

このような言語道断、まったく理に適わない判決は長続きしないと、私は確信している。最高裁の判決といっても小法廷である。たかが小法廷と言ったら失礼になるけれども、そのようなみすぼらしい判決が、そのまま判例としてまかり通ることなど決してあってはならない。

私自身が関係した利息制限法事件で、大法廷の判決でさえも二年足らずして改められた前例がある。明らかに誤りに満ちた小法廷判決は、大法廷で覆ることが必ずあると信じて、裁判を闘っていく必要がある。なによりも四・二七最高裁判決を覆すような下級審判決が出されるよう、そうした判決が増えていくように期待して頑張っている。

私は、(二〇〇八年)七月七日に行われた第七回裁判後、弁護士会館での報告集会で次のように述べた。

「原告の方々、傍聴の方々に心からお礼申し上げます。

いま重慶大爆撃について言うと、大半の日本人が今さら六十年、七十年前のことをと言うかも知れません。残念ながらこれが日本人の意識なんです。ところが、中国の爆撃被害者からすれば、六十年、七十年経っても、日本はまだ何もやっていない、日本の政府はこんな情けない政府なのです。

世界の平和は、加害者が先ず徹底的に反省して謝る、二度と戦争を繰り返さないことを誓うことです。加害者と被害者の両方の立場を経験したのが日本ですが、アジアの被害者から見れば、彼らに被害を与えた加害者です。けれども、日本は加害者の立場から被害者たちに何らの措置もなしていないのです。

こんな卑怯・未練な、こんなみすぼらしい情けない日本は、世界の国々から、糾弾されています。国際連合などあらゆる国際機関から次々と戦時に関することで十年も十五年も前から強い非難や勧告を繰り返し受けてきています。それを全く無視し，知らん顔している。まったく鉄面皮と言うほかないですが、日本人はこんな民族ではなかったはずです。

世界の平和は、過去の加害事実・被害事実を徹底的に明らかにしてこそ実現できます。事実を消すことは絶対できない、という前提に立って最後まで後始末をしっかり行う。

戦後補償裁判でも、日本の加害行為・加害事実を問う裁判がほとんど消えてしまいましたが、今回の重慶爆撃の訴訟は、昨年四月二十七日の情けない最高裁の小法廷判決をひっくり返す大変重要な訴訟です。
　今後も皆さんの強いご支援を引き続きお願いして、今日のこの会のお礼としたいと思います。ありがとうございました。」

　重慶大爆撃裁判の展望は、四・二七最高裁判決後、正直言って楽観できない厳しさがあるけれども、まだまだ失望するわけにはいきません。あくまで勝利を確信して全力を尽くしていく決意です。なによりも若い人一人ひとりに大いに期待したいと思っています。

土屋公献　反戦の歌

身を以(もっ)て臨(のぞ)みし戦(いくさ)忘れねば
　その愚(おろ)かさと惨(むご)さ伝へん

報復は許さじテロはその原因(もと)を
　法の廷(にわ)にて裁(さば)き明かさん

「正義」揚げ射つ弾音(たまおと)の激しさに
　童(わらべ)・女(おみな)の阿鼻(あび)は聞(きこ)えじ
（アフガン・イラク）

「朕(ちん)は力、朕は法なり」ルイ王の
　驕(おご)れる言葉又今も聞く
（ブッシュ）

声高(こわだか)に「悪の枢軸」呼ばはりて
　石油を狙(ねら)う腹の黒さよ
（ブッシュ）

許すまじ我が世界史を破り去る
　暴挙をわれは永久(とわ)に許さじ

外国(とつくに)の僕(しもべ)となりてわが民(たみ)を
　戦火に曝(さら)す汝公僕(なんじ)

アメリカの「恩(おん)」を唱ふる汝等よ
　アジアの「恨(はん)」に如何に向き合ふ

「英霊」を「日本鬼子(リーベンクィズ)」と呼ぶ人民(たみ)の
　彷徨(さまよ)ふ霊(れい)を如何に弔(とむら)ふ

罪を悔い宥(ゆる)しを乞ふ道なるを
　又もアジアへ矢を向けんとは

若者よ誇りを持てと説く君よ
　罪を隠して何の誇りぞ

（歴史歪曲）

拉致を怒る正義の心さながらに
　過去の拉致をぞ省(かえり)みるべき

軍は民を護(まも)るに非ず民を皆
　生贄(いけにえ)とする悪鬼(あくき)　とぞ知る

（「満州」開拓民、沖縄など）

いざといふ時こそ武器を持たざれと
　説(と)きしは誰ぞ汝(なんじ)ならずや

（吉田茂―自民党）

君に若(も)し召集令状の舞ひ込まば
　「この人殺し」と破り捨て去れ

三権が挙(こぞ)りて国民(たみ)を裏切るを
　わが老骨(ろうこつ)は断固(だんこ)許さじ

（行政・司法・立法の不作為）

自らをドンキホーテと嘲(あざけ)りつ
　なほ湧(わ)きたぎるこの正義の血

余生をばどう生きようと勝手なり
　さらば平和へ生命(いのち)捧げん

1998	9月	「戦後処理の立法解決を求める法律家・有識者の会」会長となる
1999	12月	細菌戦裁判第二次提訴
2002	8月	細菌戦裁判第一審判決（事実を認定するも請求は棄却）
2005	7月	細菌戦裁判控訴審判決
2006	3月	重慶大爆撃被害者が謝罪と賠償を求め東京地裁に提訴（弁護団長）
	11月	金婚式
2007	5月	細菌戦裁判最高裁第一小法廷上告棄却決定
2008	7月	重慶大爆撃裁判第二次提訴

◆写真出典・提供一覧（本文中記載以外）

第1章

p.6　『政府週報』第296号

p.28　『小笠原兵団の最後』（小笠原戦友会編）

第2章

p.54　共同通信社

p.63　共同通信社

p.66　共同通信社

p.69　『政府週報』第937号

p.72　共同通信社

p.74　共同通信社

第4章

p.94　週刊法律新聞第937号

p.98　週刊法律新聞第938号

p.110　共同通信社

第5章

p.123　共同通信社

p.126　国会図書館HPより

第6章

p.138　日弁連事務局提供

第8章

p.164　信川美津子さん提供

p.171　同

p.177　同

第10章

p.256　『重慶大爆撃図集』（重慶出版社）

p.260　同

（その他は、筆者所蔵または細菌戦裁判弁護団事務局・重慶裁判弁護団事務局提供）

◆土屋公献『弁護士魂』関連年譜

年		土屋公献本書関連事項
1923	4月3日	東京市芝区（現港区）愛宕町に生まれる
1930	4月	本郷区（現文京区）追分小学校入学
1937	4月	東京府立化学工業学校に入学
1943	4月	旧制静岡高等学校に入学
	11月	学徒出陣で召集される
	12月	海軍武山海兵団（横須賀）入団
1944	2月	海軍予備生徒。旅順方面特別根拠地隊予備学生教育部に入部
	7月	川棚魚雷艇訓練所（長崎県大村湾）に入所
1945	1月	小笠原・父島の第二魚雷艇隊に赴任
	12月	本土に帰還 (浦賀港）
1946	2月	旧制静岡高校に復学
	5月	学生寮「仰秀寮」の委員長となる
1948	4月	東京大学法学部に入学
1949	6月	無許可学生大会首謀の一人として停学1年の処分
1950	5月	停学処分が解け、学生大会議長に選ばれる（2期1年間）
1952	3月	東京大学を卒業
	9月	山梨県甲府商業高校教員となる。後に大月の都留高校定時制教員
1955	3月	司法試験受験のため教員を辞め浪人生活
1956	11月	永井冨美子と結婚
1957	11月	司法試験に合格
1958	4月	司法研修所入所
1960	4月	弁護士登録。近藤航一郎法律事務所に入所
1965		国選弁護人として「吉展ちゃん事件」の弁護を行う
1968	11月	利息制限法事件を担当し最高裁大法廷判決で過払金返還認定
1979	4月	司法研修所刑事弁護教官（～82年3月）
1982	4月	第二東京弁護士会会長に就任
1994	4月	日本弁護士連合会会長に就任（～96年3月）
1995	10月	日弁連人権大会「戦後50年平和と人権に関する宣言」を決議
1996	12月	「『慰安婦』問題の立法解決を求める会」会長となる
1997	8月	細菌戦被害者が謝罪と賠償を求め東京地裁に提訴（弁護団長）

あとがき

生まれつき血の気が多く、それが老境に達するまで変わらなかったのが私の人生でした。ここで参考までに「公献」という私の名が文法を無視した意味のない一対の漢字に過ぎないことについて若干の弁解をしておきます。五人の姉のあとに長男として生まれた私の名は「公一」。父が芝区役所に出生届を出しに行く途中、考えが変わって、どうしても自分の名「献吉」の一文字を入れたくなった。そこで家族に内緒で窓口に「公献」と届けたのです。後に幼稚園に入ったとき、先生から「ツチヤコウケンさん」と呼ばれるに及んで本名が判り、家中大騒ぎとなりました。「公」を公共とか公益とかの抽象名詞と考えたとしても献公なら通じるが公献では通じません。それを人々が「公に献げるとは弁護士らしい良い名前ですね」などというので、私も意識の底にそれがこびりついているのではないかと思うことがあります。いずれにせよ、父は人騒がせなことをしてくれました。

＊

私は日本人である以上、それなりの誇りを持ち続けたい。ところが、最も情けない恥知らずを演じているのが日本政府です。自国の軍隊が過去に犯した極端な非人道行為、この紛れもない歴史事実を臆面もなく否定し、決して真剣に罪を償おうとしない鉄面皮な姿勢。エリートを自認する外務省の官僚たちは、度重なる国際的批判や勧告を何ら受け止めようとしていない。小賢しい知恵ばかりでモラルが全く欠けているとしか言いようがありません。

どこの国でも自国の歴史を多少美化して前途を輝かしいものにしたいという欲求がありますが、それにも限度というものがあります。アジアに対する日本の侵略は、記憶と記録に裏付けられた紛れもない歴史事実です。これを消すことは決してできません。これと真正面から向き合うことなしに日本に未来はありません。広島・長崎・都市無差別爆撃を放置すればアメリカにも未来は無いのです。

戦争の加害国が被害者に真の反省と謝罪をし、戦争を繰返さないことを誓う。これが恒久平和の絶対条件です。

＊

ところで、インターネットのあるホームページでの私に対する人物評に、日弁連会長には中立性が要求されるところ、私の思想と行動は偏っているという解説がありましたが、これはとんでもないことです。日弁連そのものの使命や存在意義を全く理解していません。日弁連は人権（平和）と社会正義のために、時には国家権力と闘うべく組織された自治団体です。その使命を忘れて、「中立性」など悠長なことを言う者は、日弁連会長を単なる名誉職くらいにしか考えていないのでしょう。会長以下一丸となって平和のために闘うのが、本来の日弁連の姿なのです。

ライフワークとなった戦後補償問題では、九〇年代後半から七三一部隊の細菌戦訴訟を最高裁（二〇〇七年五月）までやり、現在は東京地裁で重慶大爆撃訴訟の法廷に立っていますが、いま病魔に冒され、年も八十五歳を数えるにいたりました。

＊

最近は専ら妻の世話で一日一日を送っています。考えてみれば私の生涯は妻がいて成り立って来た。時には適切なブレーキを掛けながらも正に一心同体でありました。一昨年金婚式の席で来世も同じ妻を迎えたいと述べたところ「私にも選ぶ権利があるのよ」と逆襲され、ダーッとなったが、妻も内心では満更でもなさそうである。この本が彼女の目に触れれば、ここは行き過ぎとか、この様な表現の方が穏やかなのにとかの苦言が出るだろうと思います。

このような独りよがりの内容の本は、人に差し上げても読んで戴けそうもないと思われ、印刷や製本をお願いするのが憚られます。しかし、戦後補償裁判を共に闘って来た一瀬敬一郎弁護士はじめ多くの人々が積極的に動いてくれて、私の語ったことや雑誌に載せたり何かに書いた文章などをまとめて下さった。三角忠さん、斎藤紀代美さん、元永修二さんには企画・構成を、谷川透さんには細かい校正を、牛越国昭さんには編集全般をしていただいた。皆さんに深く感謝します。

序文を書いてくださった荒井信一教授は、静高時代からの親友で、とくに戦後補償問題の運動に携わるようになってからは、歴史の博学からいろいろと指導を受けてきた恩人であります。

現代人文社の成澤壽信社長には、出版を快く引き受けてくださり、わがままな注文も厭わず、この本を世に出して下さったことに、心よりお礼申し上げます。

二〇〇八年七月七日　盧溝橋事件の日であり、重慶大爆撃訴訟第七回裁判の日に記す

土屋公献

◎執筆者プロフィール

土屋公献
つちや・こうけん

現在、弁護士（第二東京弁護士会）

1923 年 4 月 3 日　東京市芝区（現港区）愛宕町に生まれる
1952 年 3 月　東京大学法学部卒業
1960 年 4 月　弁護士登録
1992 年 4 月　第二東京弁護士会会長
1994 年 4 月　日本弁護士連合会会長

べんごしだましい
弁護士 魂

2008 年 10 月 10 日　第 1 版第 1 刷

著　者　土屋公献
発行人　成澤壽信
発行所　株式会社 現代人文社
〒 160-0004 東京都新宿区四谷 2-10 八ッ橋ビル 7 階
振替 00130-3-52366
電話 03-5379-0307（代表）
FAX 03-5379-5388
E-Mail henshu@genjin.jp（編集）／hanbai@genjin.jp（販売）
Web http://www.genjin.jp
発売所　株式会社 大学図書
印刷所　株式会社 シナノ
装　画　漆原冬児
装　丁　Malpu Design（清水良洋）

検印省略　PRINTED IN JAPAN　ISBN978-4-87798-380-2　C3036